KB123066

평범한 직장인이

어떻게 1년 만에

2권의 책을 썼을까

와일드북은 한국평생교육원의 출판 브랜드입니다.

평범한 직장인이
어떻게 1년 만에
2권의 책을 썼을까

초판 1쇄 인쇄 · 2021년 6월 05일
초판 1쇄 발행 · 2021년 6월 10일

지은이 · 황준연
발행인 · 유광선
발행처 · 한국평생교육원
편 집 · 장운갑
디자인 · 이종헌

주 소 · (대전) 대전광역시 유성구 도안대로589번길 13 2층
　　　　　 (서울) 서울시 서초구 반포대로 14길 30(센츄리 1차오피스텔 1107호)
전 화 · (대전) 042-533-9333 / (서울) 02-597-2228
팩 스 · (대전) 0505-403-3331 / (서울) 02-597-2229

등록번호 · 제2015-30호
이메일 · klec2228@gmail.com

ISBN 979-11-88393-72-5 (03190)

책값은 책표지 뒤에 있습니다.
잘못되거나 파본된 책은 구입하신 서점에서 교환해 드립니다.

평범한 직장인이

어떻게 1년 만에

2권의 책을 썼을까

황준연 지음

누구나 쓸 수 있는 하루 한 장 책 쓰기

와일드북

어느 독자의 편지

안녕하세요, 작가님! 저는 올해 27살의 청년입니다. 이제 내일이면 군대에 가요. 어쩌다 보니 군대 가는 것이 늦어졌네요. 합법적으로 쓸 수 있는 모든 수단을 다 써서 연기했어요. 공부하거나, 혹은 특별한 일이 있어서 연기했다고 말씀드리고 싶지만 사실 군대에 가기 싫었답니다. 이대로 가면 분명 안 좋은 일이 생길 것 같았어요.

아무것도 이룬 게 없는 제 삶을 돌아보면 한숨만 나옵니다. 대학교에 다니면서도 늘 아르바이트를 했습니다. 학자금과 생활비를 벌어야 했거든요. 하지만 학생이 방과 후에 또 주말에 벌어봐야 얼마나 벌 수 있겠어요? 결국 2학년 1학기를 마지막으로 대학교에서도 제명당했습니다.

그 이후에도 제 삶은 크게 달라지지 않았습니다. 늘 아르바이트를 했고, 그 와중에도 무엇인가 배우기도 했지만 아무것도 이룬 것이 없었습니다. 따라서 의욕도 없으려니와 삶을 포기하고 싶을 때가 한두 번이 아니었습니다.

고등학교 때부터 혼자 살았습니다. 부모님의 이혼, 아버지의 죽음, 갑자기 생긴 새아버지까지. 아, 새어머니까지 있었네요. 중학생인 제가 받아들이기에는 너무 고달팠습니다. 이게 정상인가요? 다행히 주위의 사람들은 아무도 몰랐습니다. 저는 늘 웃고 다녔거든요. 아마 저는 저를 그렇게 포장했던 것 같습니다.

어머니와의 연을 끊은 지도 10년이 되어 갑니다. 가끔 연락은 오는데 별말은 하지 않습니다. 또 새로운 분이 생겼다는 말을 들었습니다. 아… 여전히 저는 저희 어머니가 이해가 되지 않습니다. 이제 남으로 살기로 했으니 상관없겠죠?

군대에 다녀오면 무엇인가 변할까요? 고졸로, 무스펙으로 살아갈 생각에 막막하긴 하지만 그래도 지금보다 조금씩 더 나아지지 않을까요? 왜 군대에 아직 가지 않았는지, 그동안 왜 제대로 된 일이라도 하지 않았는지, 왜 태어났는지까지 많은 고민을 하게 되는 밤입니다.

저 같은 사람이 세상에 또 있을까요? 있다면 그 사람은 어떻게 살아가고 있을까요? 어제도 많은 사람이 자살했다는데 그중에 한 명일까요?

제 신청곡은 '말하는 대로'입니다. 가사를 조금 알려드리자면 다음과 같아요.

나 스무 살 적에 하루를 견디고
불안한 잠자리에 누울 때면
내일 뭐 하지 내일 뭐 하지 걱정을 했지
　　　　　　　　　　　　　　- '말하는 대로, 처진 달팽이'

1절의 모든 가사가 제 삶을 이야기하네요. 저는 언젠간 말하는 대로 살 수 있을까요? 말하는 대로 된다면 얼마나 행복할까요? 2절의 가사처럼 말이죠.

이제 자야겠어요. 내일 일찍 50사단으로 가야 하거든요. 첫날부터 늦을 수는 없으니까요. 제 이야기를 들어주셔서 감사합니다. 짧은 답이라도 주신다면 저에게는 큰 힘이 될 것 같네요. 감사합니다……

사람들은 늘 저에게 말했습니다.

"너는 망했다."

맞습니다. 이 편지의 주인공인 저는 망했습니다. 늘 불안했고 그래서 가끔은 죽음을 떠올렸습니다. 내일이 오는 것이 너무 두려웠기 때문입니다. 하지만 책과의 만남, 사람과의 만남, 또 많은 깨달음의 순간 덕분에 저는 새로운 삶을 꿈꿀 수 있었습니다. 왜냐하면 그 순간

6

저는 '나도 할 수 있다.'라는 메시지를 받아들였기 때문입니다.

저는 7개월 만에 작가가 되었고 또 같은 해에 두 번째 책을 냈습니다. 그래서 많은 사람이 다음과 같이 묻습니다.

"원래 글을 잘 쓰셨나 봐요."
"원래 독서를 잘하셨나 봐요."
"좋은 환경에서 태어나셨나 봐요."

하지만 저의 삶은 독서와 글쓰기와는 동떨어져 있었습니다. 그리고 돈도 없어서 친구에게 돈을 빌려 밥을 사 먹기 일쑤였습니다. 어느 날은 그 빚이 100만 원이라는 거금이 되었습니다. 그만큼 생활력도 없었던 무력한 N포 세대 청년이었습니다. 심지어 연대보증을 잘못 서서 캐피탈 직원에게 한동안 쫓겨 다니기도 했습니다.

그런 저의 이야기를 가감 없이 이 책에 담았습니다. 다시 봐도 한숨이 나오는 그 순간을 말입니다. 하지만 동시에 제가 변화하던 그 순간도 담았습니다. 그리고 제가 꿈꾸는 미래도 담았습니다.

많은 독자분들이 저의 졸저를 읽고 '희망을 느꼈다.'라고 합니다. 이번 책으로 그런 분들이 더욱 많아지기를 간절히 기도하고 기원해 봅니다.

아마 여러분이 이 책을 읽게 될 때쯤 저는 또 4번째 책을 쓰고 있을 것입니다. 아시겠지만 책을 쓴다는 것은 정말 힘든 일입니다. 하지만 그 책을 보고 희망을 느낀다는데, 누군가 저의 뒤를 따라오고 싶다는데, 저도 멈춰 있을 수만은 없어서 바쁜 와중에도 늘 도전해 봅니다.

'인타임'이라는 영화를 보셨나요? 한 은행에는 사람들이 다 쓰지도 못할 만큼의 시간(돈)이 쌓여 있었습니다. 저는 이 세상의 기회도 마찬가지라고 생각합니다. 많은 사람이 기회가 없다고 말하지만 저는 배우면 배울수록 또 다양한 사람을 만날수록 기회가 더 많음을 깨닫습니다. 이 책을 읽는 독자분들도 그 기회를 찾아서 말하는 대로 살아가기를 바랍니다. 그리고 그 이야기를 가까운 사람들에게 또 저에게 해주세요.

저는 더 많은 사람이 자신이 원하는 대로 살아가기를 원합니다. 그렇게 수많은 행복한 메신저가 한국과 또 세계에서 활동하기를 진심으로 기원하고 기도합니다.

2021년
여러분의 메신저를 꿈꾸며
황준연

제 5 장
필력이 아니라 기획이다

제 6 장
가슴 뛰는 삶

No.

10×20

제 1 장

인생의 변화

내일 없는 삶

아직도 기억난다. 2012년 4월 2일 군대 가기 하루 전.

혼란한 마음에 짐 정리도 하지 못하고, 다음 날 쫓기듯 입대했다. 그때 나는 27살이었다. 이렇게 말하면 주위 사람들은 다음과 같이 말한다.

"27살이요? 아니죠? 혹은 장교나, 카투사, 혹은 방위산업체로 간 거 아니에요?"

"물론 다 생각해봤고, 다 시도해봤어요. 하지만 일반 병사로 갔습니다."

어쩌다 나는 27살에 입대했을까? 그것도 일반 병사로 말이다.

2005년이었다. 20살 대학교에 합격했다. 아니 정확히는 합격통지서를 받았다. 그런데 등록금이 없었다. 고등학교 때부터 거의 혼자 살았고, 경제적으로도 강제 독립한 상태였다. 돈을 빌릴 곳도 없었다.

어느 날 새아버지가 대학등록금 400만 원을 마련해주셨다. 그리고 어느 날 어머니가 다시 그 돈을 빌려 가셨다. '엄마가 돈이 급하다. 하루만 빌려줘.'라는 말을 의심하지 않았다. 그 돈은 단 몇 시간 만에 사라졌다. 그리고 나는 등록금을 내지 못했다. 이전에도 어머니에게 많은 실망을 했었는데. 그날의 실망은 그 깊이가 달랐다. 그때부터 나는 어머니와 연을 끊었다. 그리고 예정에 없었던 아르바이트를 시작했다.

같은 해 7월 입시학원에 등록했다. 내가 아르바이트해서 번 돈을 모으고 모아서 등록했다. 항상 저녁은 500원짜리 땅콩버터 빵이 아니면, 새우탕 컵라면이었다. 맛있다기보다는 땅콩버터 빵이 가장 칼로리가 높았고 새우탕은 가격이 쌌다. 함께 공부하던 재수생들은 내가 빵과 라면을 아주 좋아한다고 생각했다. 늘 배가 고팠다. 최대한 움직이지 않았다.

공부도 거의 하지 못했지만 어쩔 수 없이 수능을 다시 봤다. 기적적으로 21살 같은 대학교, 같은 학과에 등록했다.

대구대학교 국어국문학과.

대학교 생활은 거의 기억나지 않는다. 마지막 2학년 1학기 때의 성적은 거의 꼴찌였는데 자퇴한 친구들을 빼면 내가 꼴찌였다. 다음해 등록금을 도저히 마련할 수 없었다. 학교에서 제적당했다. 이때부터 시작되었다. 군대 영장과 나와의 눈치싸움이.

22살 때 처음으로 영장을 받았고 처음으로 당혹감을 느꼈다. 왠지 가면 죽을 것만 같았다. 군대를 연기할 수 있는 방법이 어떤 것이 있는지 닥치는 대로 찾아보았다. 합법적인 모든 수단에 대해 알아보았다. 마음에도 없는 공무원 시험을 치기도 하고 병원 진단서를 내기도 하고 할 수 있는 모든 수단을 써서 군대를 회피하려고 했다. 지금도 남들보다 몇 년은 더 늦었는데 군대까지 다녀오면 내 인생이 더 망할 것 같았다. 그렇게 오래 연기할 생각은 없었지만 어느새 20대 중반이 지나고 있었다. 주위에서는 늘 걱정했지만, 시간이 오래 지나자 자포자기했다.

하지만 결국 피할 수 없는 시기가 왔다. 이제 연기하면 잡혀간다는 확신이 들었을 때 군대에 가게 되었다. 군대에 가면서 나는 인생을 포기했다.

이제는 되돌릴 수 없다고 생각했다. 주위 모든 사람이 나에게 말했듯 나는 망했다. 이제는 군대까지 가다니 정말 완전히 망했다.

지금도 27살, 제대하면 29살. 고졸, 무스펙. 무직 청년이 무엇을 할 수 있을까? 친구들은 저만치 앞서가는데 나만 제자리에 머물러 있는 것 같았다. 늘 뒤처져 있는 것 같았다. 아니 뒤처지고 있었다. 학업으로나, 직업으로나 모든 면에서 나는 그들을 절대로 따라잡지 못할 만큼 뒤처져 있었다.

내 삶의 모든 것이 나의 걸림돌이었다. 대학을 늦게 간 것, 이제야 군대에 가게 된 것, 모든 것이 나에게는 걸림돌이었다. 나름대로 계획을 세워서 무엇인가 해보려고 했지만 어떤 것도 내 뜻대로 되지 않았다.

"이럴 줄 알았다면 차라리 군대라도 일찍 갈걸……."

그 말을 시작으로 늘 불평하기 시작했다. 후회로 잠 못 들기 시작했다. 하지만 시간만 흘렀고, 나는 늘 제자리에 있기만 했다. 하지만 이 걸림돌이 디딤돌이 된 것은 아주 오랜 시간이 지난 후, 그러니까 작가가 되고자 마음먹은 순간부터였다.

"저는 늦었다고 생각했습니다. 그런데 작가님의 이야기를 듣고 보니 아니었습니다. 저는 대학도 다녀왔고, 군대도 다녀왔습니다. 그리고 작가님보다 어립니다. 작가님이 할 수 있었다면 저도 할 수 있을 것 같습니다. 감사합니다."

나의 힘든 이야기가 남에게 도움이 된다니 정말 감사한 일이었다. 그 이후 나의 이야기를 더 자주 하게 되었다. 더 많은 사람이 '희망을 느꼈다.'라는 이야기를 전해왔다.

"작가님의 20~30대의 이야기가 궁금합니다. 그런 상황에서 어떻게 작가와 강사가 되시고, 또 지금과 같은 생각과 꿈을 가지셨는지 궁금합니다."

그때의 이야기를 여러분에게 하고 싶다. 아니 그때의 나에게 해주고 싶었다. 내일도 보이지 않았던 삶이었지만, 이제는 내일이 또 1년 후가 기대되는 삶을 살고 있다.

돌아보면 정말 많은 일이 있었다. 자주 후회되는 순간들이 있었고, 아주 가끔 행복한 순간들이 생각난다.

하지만 모든 순간이 나였다.

그 모든 순간들이 모여 지금의 나를 만들었다.

– 2 –
세상과의 단절

한때 20대의 나도 컴퓨터 게임에 중독되어 PC방에서 폐인처럼 지내며 공부를 제대로 하지 않았던 적이 있다. 그럼에도 그때의 나 역시 합격에 대한 간절한 마음을 품고 있다고 생각했다. 착각이었다. 고시에 합격하면 내가 속한 모든 곳에서 부러움을 한몸에 받을 수 있을 거로 생각했고, 그게 막연히 출세의 모습이라 생각했다.

–'한 번이라도 모든 걸 걸어본 적 있는가' 중에서

입대 전날까지도 게임을 했다. 입대 날짜가 가까워지자 스트레스는 극에 달했다. 그 스트레스를 푸는 방법은 게임밖에 없었다. 그만큼 게임을 좋아했다. 그래서 다음과 같은 이야기를 듣기도 했다.

"얘가 정상일 리가 없지 않습니까?"

삶의 모든 순간 게임과 함께 했다. 물론 지금도 가끔 게임을 한다. 그만큼 게임을 좋아한다. 말했듯이 부모님과 함께 살지 않았다. 아무도 통제하지 않던 20대는 더욱 그랬다. 밥은 굶어도 게임은 했고, 돈을 빌려서라도 게임방에 갔다.

교회 근처에 살았다. 그러다 보니 청년부 목사님이 우리 집을 자주 방문했는데, 늘 게임을 하는 모습에 불만을 표하셨다. 나로서는 새벽부터 아르바이트하고, 여가를 즐기는 것인데, 이해가 잘되지 않았다. 당연히 늘 부딪쳤다.

어느 날은 목사님이 나의 손목을 잡고 말했다.

"어디를 같이 갔으면 좋겠다. 꼭 가야 한다. 너 이러다 망한다. 홈리스 된다. 노숙자 된다고. 지금처럼 그렇게 살고 싶냐?"

그렇게 향한 곳은 정신과였다. 작은 글씨로 '게임중독'이라는 글씨가 보였다. 가기 싫은 마음이 한가득이었지만(대체 누가 정신과에 가고 싶을까?) 뭔가 증명을 하고 싶기도 했다. 내가 정상이라는 생각이 가득했기 때문이다.

여러 테스트를 하고 의사 선생님과 대화를 했다. 그리고 목사님과 함께 그 결과를 들었다.

"정상입니다. 게임중독은 아니네요."

"얘가 정상일 리가 없지 않습니까?"

"새벽부터 일하고 또 오후에도 일하고, 남는 시간에 본인이 좋아하는 일 정도는 할 수 있지 않나요? 하루에 3~4시간 정도 한다는데, 양호하죠. 물론 가끔 밤을 새우거나 하긴 한다고 하는데 염려할 정도는 아닌 것 같습니다."

믿을 수 없다는 듯 몇 마디가 더 오갔지만, 이미 결과는 나왔다. 하지만 그 이후에 달라진 것은 하나도 없었다. 여전히 나는 홈리스라는 이야기를 들었고, 게임중독이라는 이야기를 들었다. 중독이든 아니든 그것이 중요한 것은 아니다. 그때 게임이라는 것이 없었다면 나는 삶의 아무 재미도 느끼지 못했을 것이다. 게임만이 유일하게 세상과 소통할 수 있는 통로였고, 내 가슴을 뛰게 하는 유일한 순간이었다.

물론 지금 돌아봤을 때 가장 후회되는 순간이기도 하다. 그때 다른 것을 했다면 분명히 다른 삶을 살았을 것이다. 지금보다 더 나은 모습으로 살았을지도 모른다. 하지만 그때 나에게는 게임 말고는 내 삶을 지탱해줄 것이 아무것도 없었다. 부모도, 친구도 없었다. 다른 것은 아무것도 없었다.

20대 때 가장 많이 들었던 말이 '넌 망했어.'라는 말이었다. 어쩌면 나도 지금 늘 게임만 하는 사람을 본다면 똑같이 말하지 않았을까? 하지만 그때도 나는 다른 내일을 꿈꾸었다. 다음 날이 안 왔으면, 다음 날이 기대되지 않는 그런 삶을 살았지만, '망했어.'라는 말을 들을 정도는 아니라고 생각했다.

목사님을 포함한 가까운 사람도 나의 이야기를 몰랐다. 새어머니가 있었는지, 새아버지가 있었는지, 지금은 왜 혼자 10만 원짜리 월세방에 살고 있는지, 최근에 천만 원에 가까운 사기를 왜 당했는지 관심이 없었다.

내가 정상이 아닌 것이 아니라 내 상황이 정상이 아닌 것 아니었을까? 왜 그렇게 말해주는 사람은 단 한 명도 없었을까? 아니 적었을까?

사람들은 주위 사람들이 말하는 내용에 큰 영향을 받는다. 또 자기가 자신에게 말하는 내용에 큰 영향을 받는다. '망했다.'라는 말을 수도 없이 들었던 나는 점점 그렇게 되어가고 있었다. 또 나는 자기 자신에게도 자주 그렇게 말했다.

"나는 망했다."

시간이 갈수록 정말 그렇게 되어가고 있었다.

- 3 -
인생의 변화

앞서 말한 대로 나는 2012년 4월 3일 군대에 입대했다. 미루고 미루다 더 이상의 합법적인 방법이 없을 때였다. 하루 전날에는 잠이 오지 않았다. 겨우 잠을 깨워, 아침 일찍 50사단으로 향했다. 대구의 훈련소에서, 경산에서 운전병으로서 훈련을 받을 때도, 심지어 자대에 배치받은 첫날에도 늘 나를 따라다니던 말이 있었다.

"뭐 27살이라고? 너 뭐 하다 이제 왔냐?"

낮은 자존감 때문일까? 20살, 21살이 반말을 하는데도 그다지 기분이 나쁘지 않았다. 그 물음보다 더 슬픈 것은 이 나이까지 이루어 놓은 것이 거의 없었다는 것이었다.

나에게 시간은 멈춘 것만 같았다. 나보다 나이가 어린데도, 내가 꿈꾸던 교사 생활을 하다가 온 친구도 있었고, 대학이나 대학원을 다니다 온 친구들도 있었다.

나는 더욱 작아지는 것 같았다. 침묵이 오히려 나았다. 심지어 훈련소에 있을 때는 나이조차 말하지 않았다. 부끄러웠기 때문이다.

나이가 많다는 이유로 특별대우를 받았다. 오랜 시간 동안 관심병사로 분류되어 많은 사람이 나를 지켜보고, 어떤 날은 화장실에 오래 있다가 신고를 당하기도 했다.

그러고 보니 내 동기도 화장실에서 자살을 시도했다. 아주 자주 그 친구가 이해되었다. 나도 많은 날 자살을 생각했으니까 말이다. 하지만 시도하지 못했던 것은 기회가 없어서가 아니라 용기가 없어서였다. 삶도 지옥인데, 죽어서까지 지옥에 가고 싶지는 않았다. 아마 그 이유가 아니었다면 나도 어떤 선택을 하지 않았을까 생각해본다.

어느 정도의 시간이 지나고 나는 상담병으로 시간을 보내게 된다. 주로 신병들을 상담했는데, 작은 도움이라도 될 수 있어서 참 행복했던 시간이었다. 그때만은 형과 동생으로 시간을 보내는 듯했다.

그날도 여느 날처럼 상담을 하고 있었다. 아주 밝은 친구가 있었다. 아니 아주 밝아 보이던 친구가 있었다. 이야기를 들어주기만 하는데 어느 순간 돌아보니 그 친구는 울고 있었다. 나에게 수첩을 보여주며 말했다.

"내일 죽으려고 했어요. 08시 23분에 저기 앞에서요."

자세한 시간과 장소 그리고 어떻게 죽을지까지 다 적어놓은 그 수첩을 보며 손이 떨렸다.

결국 그 친구는 살았다. 의아했던 것은 그 다음이었다. 여러 사람에게 다음과 같은 말을 들었다.

"왜 너한테 그런 것을 말한 거야? 확실해? 거짓말 아니야?"

'한 사람을 살렸다.'라는 생각보다는, '사람들은 왜 이렇게 나를 못 믿는 걸까?'라는 생각을 했던 기억이 난다.

어느새 29살이 되었고 나는 전역했다. 많은 것이 바뀌리라 기대했지만, 전혀 달라진 것이 없는 채로 나의 20대는 끝나가고 있었다. '대학교에 다시 가야 하나?', '잠을 잘 데도 없는데 큰일 났네.'라는 고민으로 가득했던 나의 29살.

그때 막 29살이 된 친구가 신병으로 들어왔다. 나는 그의 미래가 보이는 것만 같아서 마음이 아팠다. 하지만 당장 내일 집도, 또 돈도 없던 내 삶을 더 걱정해야 했다. 최소한 그는 2년간은 그 걱정은 안 해도 될 테니까.

집을 알아보고, 대학교를 알아봤다. 그런데 정작 중요한 돈이 없

었다. 제적된 대학교로 재입학할 돈도, 예전처럼 10만 원짜리 단칸
방에 들어갈 돈도 없었다. 하루하루 전역일이 다가올수록 마음이 더
욱 급해졌다.

이런 이유로 범죄자들이 다시 감옥에 들어가는 걸까? 나도 차라리
감옥에 가야 하나? 집이나 밥은 걱정 안 해도 되지 않을까?

그때 거의 10년 동안 연을 끊었던 어머니와 연락이 되었다.

"제주도에 왔으면 한다."

나는 제주도로 향했다. 그렇게 나의 20대는 끝나가고 있었다. 그리
고 지금 돌아보면 그때의 선택으로 내 인생은 큰 변화가 생겼다. 일
종의 터닝 포인트가 되었다. 대구에 계속 있었더라면 나는 되는 대로
살았을 것이다. 내 주변의 상황과 환경이 그대로였기 때문이다. 하지
만 제주로 갔을 때 나는 친구나 지인이 전혀 없었다. 그리고 완전히
새로운 시작을 할 수 있었다.

-4-
누군가 행복할 수 있다면

누군가를 위해 울어준 적이 있는가? 혹은 누군가가 나를 위해 울어준 적이 있는가? 내 기억으로는 단 한 번 있었던 것 같다. 그리고 그 한 번으로 내 인생은 전혀 다른 방향으로 흘러갔다.

스무 살 때였다. 어머니 때문에 대학교에 못 가게 되면서 나는 군대에 가려고 했다. 도저히 그 상황을 받아들일 수 없었기 때문이다. 충격을 받은 새아버지도 집을 나가시고 그 이후로 영원히 볼 수 없었다. 이제 집에는 정말 나 혼자였다.

원망을 들어야 할 어머니는 집에 오지 않고, 불똥은 하나님께 튀었다.

'저번에 아버지 돌아가실 때도 기도를 안 들어주시더니, 이번에도 역시 제 기도를 안 들어주시네요. 아마 이 세상에는 하나님이 없나

봅니다. 그래서 이제 저는 제 마음대로 살아보려고 합니다. 그동안 감사했습니다.'

최후의 기도를 마치고 소그룹 모임을 가졌다. 평소에는 많은 대화를 나누지 않았던 J형이 다가왔다.

"얼굴이 너무 안 좋아 보인다. 무슨 일 있는 거니?"

나는 내 상황을 말해주고 싶지 않았다. 말한다고 해결될 것도 아니고…….
어느 날 갑자기 400만 원이라는 돈이 생길 수는 없으니까 말이다. 또 주위 사람들에게 나는 아주 착하고, 밝은 사람으로 기억되고 있었다. 그래서 더욱 말하기가 어려웠던 것 같다. 생각 속의 그 사람으로 남고 싶었다.
하지만 집요하게 물어보는 형에게 나는 포기하듯 말했다.

"저 군대 가려고 해요. 대학교도 못 가게 됐고, 집에 안 좋은 일이 많아요. 이제 교회도 안 다니고 싶어요. 하나님이 계신다면 어떻게 이런 일이 생길 수 있죠?"

그렇게 말하며 형을 쳐다봤다. 가벼운 위로를 기대했던 나는 그 형을 보며 깜짝 놀랐다. 울고 있었기 때문이다. 그리고 한참 후 형은 말했다.

"한 번만 다시 생각해주면 안 되겠나? 준연아. 제발 그 선택을 하지 말았으면 좋겠어. 형도 정말 힘들었지만, 지금 잘살아가려고 노력하고 있어. 제발…… 제발 다시 생각해주면 안 되겠니?"

그때 깨달았다. '진심으로 나를 걱정해주는 한 사람만 있다면, 살 수 있겠다.'라는 생각이 들었다. 문제는 하나도 해결되지 않았지만, 그 형의 이야기에 나는 마음이 흔들렸다. 그리고 세상 사람들과는 다르게 말하는 R 선생님을 만나게 되었다. 아직 그 대화가 잊히지 않는다.

그날은 나에게 처음으로 휴대폰이 생긴 날이다. R 선생님이 전화번호를 물었다. 그래서 알려드렸더니 저장을 못 하시는 것이었다. 그리하여 살펴보니 어떤 단축번호에 나의 번호를 넣을지 고민하고 계셨다.

"아 쌤, 뭘 그렇게 하세요? 휴대폰 번호를 그냥 입력하고, 저장하면 아무 단축번호나 자동으로 저장되는 거 모르세요?"

"알지. 그런데 너를 아무 단축번호에나 저장할 수가 없어서."

진심이 느껴지는 그 한 마디에 정말 감사했다. 나를 그렇게 생각해주는 사람이 이 세상에 있다는 것이 참 행복했다.

나도 지금 중고등부 교사를 하며 똑같은 이야기를 아이들에게 하고 있다.

아마 나는 평생 그렇게 할 것 같다. 내가 그분께 배운 대로 말이다.

단 한 사람이라도 행복하게 해주고 싶다. 또 한 사람이라도 살리고 싶다. 어떻게 해야 할까? 어떻게 해야 한 사람이라도 살릴 수 있을까? 매일 밤 생각하며 책을 읽었고, 그러다 그 생각은 작가가 되고 싶다는 생각에까지 이르게 된다.

책을 읽고 '다시 살자.'라고 마음먹은 것처럼 나도 책을 쓰자. 나의 아픈 이야기를 듣고 사람들이 힘을 내도록 만들자.

그러고 보면 내 이야기를 듣고 힘을 내고, '희망이 생겼다.'라고 말하는 사람들이 많았다. 글까지 쓰면 더 좋겠다는 생각이 들었다. 그렇게 작가가 되었다.

차라리 죽고 싶은

하루 이틀 굶을 때가 많았다. 혼자 살기 때문이기도 했고, 집에 쌀이 없기 때문이기도 했다. 월급을 받으면 늘 돼지국밥집을 갔다. 단돈 6,000원 정도에 근사하게 한 끼 먹을 수 있는 곳은 그곳밖에 없었다. 그렇게 식비를 아꼈지만 늘 부족했다. 돼지국밥이 그나마 가장 싼 가격이었음에도 나에게는 돈이 없었다. 밥을 굶다가 도저히 안 되면 친구에게 연락했다.

"야, 돈 좀 빌려줘, 나 밥 사 먹을 돈이 없다."

그렇게 만 원, 2만 원씩 빌려서 밥을 먹곤 했다.
수많은 아르바이트를 했음에도 늘 돈이 부족했다.
새벽부터 점심까지는 반찬 배달 아르바이트를 하고, 오후에는 교회에서 봉사하고, 저녁에는 주로 게임을 하며 시간을 보냈다. 그러다 돈이 급할 때는 편의점 아르바이트를 하기도 하고, 어떤 날은 온종일 아르바이트를 찾기도 했다. 하루도 쉬지 않고 일했던 것 같다. 이력서를 다시 보면 배달 일을 참 자주 했다. 열 군데는 넘게 일했던 것 같다.

한참 동안은 직업학교에 다녔다. 용접을 배워서 군대 대신 방위산업체로 가서 돈을 벌어야겠다고 생각했다. 거의 1년 정도 다녔지만, 보기 좋게 불합격했다. 그러는 동안 20대가 끝나가고 있었다. 이제는 정말 군대에 가야 하는 걸까? 늘 한숨만 쉬면서 하루를 보냈다. 더욱더 게임에 빠지게 되었다. '지금 검사하면 게임중독으로 나올까?'라는 생각을 하며 시간을 보냈다. 그리고 드디어 그날이 왔다.

입대를 준비하며 그동안 밥값을 빌린 친구에게 돈을 갚으려고 했다. 계산을 해보니 100만 원이 넘었다. 아무리 생각해도 잘못된 것 같아 다시 봤지만 틀림없었다. 이제껏 군소리 없이 빌려준 친구도 대단하고, 그만큼 빌린 나도 참 대단했다. '너무 미안했고, 정말 고마웠다. 덕분에 안 굶고 살았네.'라고 말하며 돈을 갚았다. 아마 그 돈이 없었다면 정말 굶어 죽었을 것 같다는 생각이 든다.

돈이 없어서 수술도 못 받을 뻔했고, 나중에는 철심 빼는 수술도 못 할 뻔했다. 병원비를 후불로 내도 된다는 사실을 알지 못했다면 나는 수술도 받지 못했을 것이다. 무사히 수술을 마치고, 병원에서 지낼 돈이 없어서 수술 직후 집으로 왔다. 택시비도 없어서 수술이 끝나자마자 다리를 끌며 버스를 타고 왔다. 지금 생각해보면 말도 안 되는 상황이었지만, 그만큼 절박했다. 차라리 군대에 가는 것이 나을 것 같았다. 최소한 2년 정도는 이런 걱정을 안 할 수 있기 때문이다.

어지럼증이 심해져 치료를 받았다. '스트레스가 너무 심하다.'라는 말을 시작으로 '악화되면 군대에 가지 못할 것 같다.'라는 말까지 나왔다. 날짜가 가까워질수록 나의 어지럼증은 더욱 심해졌다. 하지만 증상만 있었고, 원인은 불명확했다. 불안한 상태로 결국 입대했고, 그 안에서도 상담을 자주 했다.

"지금 손도 떨고 많이 불안해 보이는데 안에서 무슨 일 있었어?"

하루하루가 극도의 긴장 상태였다. 군의관에게 어려움을 말해봤지만, 달라지는 것은 없었다. '무슨 수를 쓰든지 다시 사회로 나갈까?'라고도 생각했지만, 다시 밥을 굶는 그때로 돌아가는 것은 생각만으로도 괴로웠다. 그렇다면 그냥 버티는 수밖에 없었다.

"아니 왜 군대를 이제 왔어?"

훈련소에서 많은 교관이 나를 한심하게 쳐다보며 말했다. 딱히 뭐라 할 말도 없었지만 그들의 질문은 계속되었다. 그러다 실수라도 하면 더 심한 욕을 먹었다. 운동 신경이 좋은 것도 아니었기에 늘 늦게까지 훈련을 받았다. 내가 정말 미웠다. 체력이 좋은 것도 아니고, 운동 신경이 좋은 것도 아니고, 욕먹기 딱 좋은 그런 훈련병이었다.

나 스스로도 나를 혐오하기 시작했다. 살아가며 이렇게 나를 미워했던 적이 없었던 것 같다. 하지만 체력도, 운동 신경도 한순간에 좋아지는 그런 성질의 것이 아니었다.

나는 나를 더욱 혐오하기 시작했다. 잠을 자기가 싫었고, 아침이 오는 것이 싫었다. 살고 싶지 않았다. 하지만 늘 아침은 시작되었고, 훈련도 시작되었다.

훈련소에서 또 군대에서 병원을 자주 갔다. 몸이 아픈 경우도 많았지만, 마음이 아픈 경우가 훨씬 많았다. 병원에 가면 마음이 놓였다. 그곳에서는 혼자 있을 수 있었기 때문이다. 전화도 할 수 있었고, 멍하니 있을 수도 있었다. 그래서 더 자주 병원에 갔다. 기억나지 않지만, 그때 친구들에게 전화해서 '너무 힘들어서 죽고 싶다.'라는 말을 자주 했다고 한다. 실제로 자살 징후가 있어서 개인 활동을 할 수가 없었다. 하지만 혼자 있을 수 없다는 사실이 더 나를 괴롭게 했다.

─|6|─
돈보다 사람을 잃은 것

"먹어줘서 고맙다. 시간이 지나가면서 느끼지만, 누군가 내가 사주는 밥을 먹어주는 것이 참 행복이더라. 만약 내가 이상한 사람이라면 이렇게 함께 할 수 있었을까? 그래서 나는 함께 있는 여러분들 때문에 고맙다."

아는 분에게 밥을 얻어먹었다. '잘 먹겠습니다. 감사합니다.'라는 인사에 그분은 오히려 '고맙다.'라며 인사했다. 그 이유가 참 멋있었다. 생각해보니 이분이 나쁜 사람이라면 같이 있을 이유도 무엇보다 밥을 얻어먹을 이유가 없었을 것이다. 참 멋있었다. 그리고 '나도 그런 사람이 되어야지.'라며 결심하게 되었다.

이런 일도 있었다. 일전에 작은 사고가 있어서 다리를 절며 가고 있었다. '곧 낫겠지.'라며 생각했는데 시간이 지나도 그럴 기미가 보이지 않았다. 하지만 밥 사 먹을 돈도 없는데 병원은 겁이 났다. 그러기를 1주일, 우연히 길을 가다 그분을 만났다.

"내가 보험을 해서 잘 아는데, 가능하면 병원을 가라. 별거 아니라고 생각했는데 나중에 후회하는 경우를 참 많이 봤다. 엑스레이 찍는데 몇천 원 하지 않으니까 요 앞에 병원에서 꼭 찍어라."

결국 나는 운명에 없었던 병원에 갔고, 놀라운 이야기를 들었다. 뼈가 다 부서졌다는 것이었다.

"엄청 아팠을 텐데 걸어서 오셨다고요?"

의사는 믿지 못하겠다는 듯이 말했고, 그날 나는 바로 입원을 하고 수술을 했다. 철심을 박는 수술이었는데, 지금도 여전히 수술자국이 남아 있다.

아마 그분의 말씀이 아니었다면 나는 잘못 고정된 뼈를 다시 부순 다음 수술을 하거나 불구자로 살 뻔했다는 말을 들었다. 그 한마디 덕분이라고 생각하니 너무 감사했다. 그래서 그분의 말씀을 늘 철석같이 믿었다.

수많은 이유로 나는 늘 감사를 느꼈다. 아마 그때쯤이었던 것 같다.

그때 나는 빌라에 살고 있었다. 하지만 월세가 30만 원이 넘었다. 다른 곳으로 갈 곳이 없었기 때문에 어쩔 수 없이 살고 있었는데 그

분이 월세 10만 원에 집을 구했다며 지금 당장 오라고 했다. '집세만 줄일 수 있다면 얼마나 좋을까?'라고 고민하던 차였다. 그분 덕분에 계약하고 보증금을 빼려는데 나에게 부탁했다.

"내가 돈이 급한데, 보증금을 좀 빌릴 수 있을까? 금방 갚아줄게."

깊이 믿는 사이였기에 당연히 빌려줬다.

어찌어찌해서 소액이라도 그 돈을 어느 정도 받아냈다. 하지만 그때도 '그분이 어려워서 그랬겠지!'라며 생각했다. 문제는 그 다음이었다.

아마 군대에서 마지막으로 왔던 휴가였던 것 같다. '대구를 가야 하나 어디로 가야 하나?' 도저히 갈피를 못 잡고 있을 때 그분의 연락이 왔다.

'나랑 어디 좀 가자, 사인만 해주면 돼.'

몇 번을 묻고 물었고, 심지어 자동차 딜러에게도 확답을 몇 번이나 받았다. (이후에 자동차 딜러는 '정말 예상하지 못한 사태였다.'라고 하며 사과했다.)

그 사인 한 번에 2년 이상 고통받을 줄은 생각도 못 했다.

"너에게는 어떠한 피해도 가지 않게 하겠다."

그 말이 무색하게 드라마 같은 일이 벌어졌다. 빚쟁이가 집을 찾아오는 것, 직장에 찾아오는 것은 드라마에서나 가능한 이야기라고 생각했는데, 내 직장에, 우리 집에, 캐피탈 직원이 찾아왔다. 자초지종을 설명해도 그들의 대답은 한결같았다.

"저희는 그런 거 잘 모르고요. 황준연 씨가 책임을 지게 되어있습니다. 이거 서류 보이시죠? 돈 언제까지 주실 겁니까?"

고소만 몇 번을 당했는지 모른다. 지금도 등기가 오면, 누군가 내 이름을 부르면 흠칫 놀란다. 그분은 연락이 되지 않았다. 되더라도 '곧 해결해줄게.'라는 한마디만 이어진다. 어느새 7년째다.

덕분에 직장도 잃고, 어머니에게는 죄인이 되었다.

다행히 지금은 해결이 되었지만, 그때부터 나는 돈을 빌려주지 않기로, 돈과 관련된 거래는 하지 않기로 다짐했다. 돈을 잃는 건 그렇다 쳐도 사람을 잃기는 싫기 때문이다.

아마 그때 내가 그분의 부탁을 거절했더라면, 지금도 나는 그분께 많은 것을 배우고 있지 않을까?

'사람을 의심하면 평생 고통을 받고, 사람을 믿으면 가끔 고통받는다.'라는 말이 있다.

나는 사람을 잘 믿는 편이다. 늘 의심하며 살아가기 싫고, 그러기에는 주위에 좋은 사람이 더 많다는 믿음이 있기 때문이다. 지금도 주위 사람들은 내가 사람을 너무 잘 믿어서 큰 걱정을 한다. 그래도 먼저 피해를 주기 전까지는 무조건 사람을 믿기로 했다. 덕분에 좋은 사람들을 훨씬 많이 만났다. 그래서 앞으로도 늘 사람들을 믿으려고 한다. 그러기에도 짧은 시간이라고 생각한다.

7

오늘보다 더 나은 내일을 위해

앞서 말했던 대로 캐피탈 직원에게 늘 쫓겨 다녔다. 기존의 직장은 다닐 수 없었다. 다른 직장을 찾았다. 여전히 쫓겨 다니기는 했지만, 생계를 책임져야 했다. 인터넷 사이트를 검색하는데 '구몬학습'이라는 곳에서부터 연락을 받았다. '내가 교사라니?' 면접을 보고 어느새 출근하게 되었다.

아마 그때 처음 알았던 것 같다. 남을 가르친다는 것이 이렇게 즐겁다는 것을 말이다. 나는 중고등학교 시절 꽤나 공부를 못 했다. 그 덕분에 많은 친구가 이해가 되었다. 그래서 오히려 잘 설명할 수 있었다. 덕분에 중·고등학교 때보다 더 열심히 공부하고 아이들을 가르쳤다. 그때 아주 특별한 친구를 만났다.

아직도 기억난다. 영어 해석을 참 못 하던 아이. (그때 잠시 통·번역 공부를 했기에 영어는 자신 있었다.)

수학은 참 잘하던 아이.

중1 때 고등학교 과정, 중3 때 수학의 모든 과정을 마쳤다고 하면 설명이 될까? (중3 때쯤 이미 내가 가르칠 수준을 넘어섰다.)

말했듯이 그 친구는 영어는 그다지 잘하지 못했다. 하지만 3년이라는 시간이 지났을 때 번역가 지망생이었던 나와 비등했다. 아니 나보다 더 잘했다. 그 사실이 나를 놀라게 했다. 왜냐하면 그 친구가 한 것이라고는 1주에 20장 푸는 문제지가 전부였기 때문이다. 그때 깨달았다.

꾸준히 하면 어떤 일이든 가능하구나. 나도 이대로 멈춰 있으면 안 되겠구나!

사실 그때 내 꿈은 평범하게 사는 것이었다. 평범한 여자 친구를 만나 평범한 가정에서 평범하게 살고 싶었다. 하지만 열심히 사는데도 통장은 늘 마이너스였고, 결혼자금도 턱없이 부족했다. 단지 평범하고 살고 싶었는데, 열심히 살았는데, 인생은 저 뒤로 후퇴하는 것 같았다. 이대로는 안 될 것 같았다.

그때부터 천천히 책을 읽기 시작했다. 당장은 변화하기 힘들겠지만, 시간을 두고 본다면 성공할 수 있을 것 같았다. 그리고 그 사실은 먹혔다. 지금 작가로 살아가고 있으니 말이다. 직장이 아닌 직업을 택해서 살고 있으니 말이다.

그 시작은 작은 만남이었다. 3년 전 그 친구를 봤을 때는 3년 후 모습이 보이지 않았다. 평범한 학생 중, 100명이 넘는 학생 중 단지 한 명이었다. 하지만 그 친구와 함께했던 3년 덕분에 나는 지금 새로운 길을 가고 있다. 나의 1년 후가, 3년 후가 어느 만큼이나 변할지 기대되는 인생을 살고 있다.

고등학교 때 선생님의 이야기가 생각난다. '출처는 모르겠지만, 한번 보고 평생 각인될 만큼 좋은 시였지.'라며 말씀해주셨다.

큰 탑과 소나무가 한자리에 있었다.
탑은 크고, 소나무는 작으니 그 모습이 처량했다.
하지만 탑아, 비웃지 마라.
소나무는 계속 자라서 결국 너보다 커질 것이다.

임용고시를 준비하며 힘들 때마다 이 시를 읊으시며 힘을 냈다고 하셨다. 나도 힘들 때마다 이 시를 되뇐다. 지금은 자라는 것이 눈에 보이지 않지만, 소나무는 자란다. 분명히 시간이 지나면 거목이 될 것이다.

모차르트는 천재라고 불린다. 하지만 20대에 이미 그의 손은 기형이었다. 얼마나 많은 연습을 하며 그렇게 될까? 왜 천재라는 그 모습만 기억하고 그때까지의 노력은 잘 보이지 않는 걸까?
성공한 사람들은 모두 노력했다. 하지만 사람들은 결과만 보면서 그 과정을 평가하려 한다. 아니 그 과정을 생각하려 하지 않는다. 하지만 누군가 그 과정대로 한다면 그 사람도 분명 성공할 것이다. 성공한 사람들 역시 모두 자신의 목표를 행해 꾸준하게 노력했기 때문이다.

'Better than yesterday'

어제보다 더 나은 오늘을 위해, 또 오늘보다 더 나은 내일을 위해 나는 무엇을 할 수 있을까? 어제보다 더 나은 오늘을 위해 많은 것을 할 필요는 없다. 그저 어제보다 조금만 더 나아가면 많은 것이 바뀌기 때문이다.

사람들은 자신의 삶을 바꾸고 싶어 한다. 어느 날 갑자기 확 바뀌었으면 하고 기도한다. 하지만 그 변화를 위해 오늘 씨앗을 심어야 한다. 열심히 물을 줘야 한다. 그리고 기다려야 한다.

8

호박벌을 만나다

비가 오는 날이었다. 컴퓨터 게임을 하고 있는데, 게임이 끊기는 게 영 불안했다. 밥 사 먹을 돈도 없는데 인터넷을 연결할 돈이 있을까?

주위의 와이파이를 이용해서 게임을 하곤 했는데 비가 오는 날은 잘되지 않았다. 너무 무료해서 옆에 있는 책을 집어 들었다. 별생각 없이 책을 집어 들었는데 단숨에 그 책을 다 읽었다. 호박벌 이야기부터 시작해서 놀라운 이야기가 가득했다. 놓을 수가 없었다. 그 책을 읽고 난 후 나는 다른 사람이 되었다.

나를 아는 모든 사람이 나를 안타깝게 생각하고 또 불쌍하게 생각했다. 도저히 희망이 없어 보였던 것 같다. 사실 나도 나 자신을 그렇게 생각했다. 아무것도 할 수 없고, 무엇인가 하기에는 너무 늦은 불쌍한 청년.

하지만 호박벌을 만난 후 내 생각은 180도 달라졌다. 과학적으로 날 수 없지만, 지금도 비행하는 호박벌의 일화를 보면서 나도 날고 싶었다. '호박벌에게 무슨 근육이냐, 과학적으로 가능한 일이냐?' 하는 것은 문제가 되지 않았다. 어떠한 이유에서든 호박벌이 지금도 난다는 것, 나도 그렇게 날고 싶다는 것, 그것이 중요했다.

그 외에도 그 책에는 수많은 예화가 담겨 있었다. 나를 위한 예화가 분명했다. 아무 비전 없이 살아가는 나에게 가슴 뛰는 삶에 대해 알려줬다. 나도 그렇게 살고 싶었다. 하루하루 미치도록 행복하게 살고 싶었다.

'그래, 나도 책을 쓰자. 이렇게 힘들어하는 청년들을 위한 책을 쓰자. 이 책이 나를 바꾼 것처럼, 내 책도 분명 다른 사람을 바꿀 수 있을 기야!'

시각화라는 것이 이런 걸까? 꿈이 이루어진 것처럼 가슴이 뛰었고 너무 행복했다. 사람들은 나에게 망했다고 했다. '네가 무슨 작가가 되느냐고, 지금 네 모습을 보라고, 정신 차리고 얼른 군대나 가라.'며 말했다.

엄연한 사실이었다. 20대 중반이 되어가는 청년 중 아직도 군대에 가지 않은 사람은 거의 없을 것이다. 그때 나는 그 사실 같은 의견을 무시했어야 했다. 그랬다면 조금 더 빨리 작가가 되었을 것 같다.

이상민 작가도 처음 책을 쓰려고 했을 때 주위 모든 사람이 만류했다고 한다.

46

'지방 사립대학 출신에 박사 학위도 없는 네가 책을 쓴다고? 젊고 아는 것이 그렇게 많지도 않을 텐데, 어떻게? 몇십 억 재산이 있는 건가?'

- '보통 사람을 위한 책 쓰기'

그리고 그 말을 따를 수밖에 없었다고 한다. 하지만 '할 수 있다.'라고 말하는 한 스승을 만나 25세에 첫 책을 썼다. 정말 부러웠다. 아마 나도 그렇게 말해주는 선생님이 있었다면 그때 첫 책에 도전할 수 있지 않았을까? 그때 작가가 될 수 있지 않았을까?

많은 사람이 말한다.

"작가는 아무나 될 수 없다."

나도 그 말을 믿었지만, 책 쓰기와 관련된 수업을 들으면서 또 많은 책의 프로필을 보면서 생각을 바꾸게 되었다.

하루에 200여 권의 책이 나온다고 한다. 최근에는 더 많은 책이 나온다는 이야기를 들었다. 그런데 그중에서 평범한 사람의 책은 없을까? 여러분과 같은 아니 나와 같은 평범한 사람이 작가가 되는 경우는 없을까? 있다. 아니, 아주 많다.

아까 말한 대로 온·오프라인 서점에서 책의 프로필 부분을 보면 놀라운 광경을 보게 될 것이다. 평범하다고 생각했던 수많은 사람의 이름이 거기에 적혀 있을 것이다. 그리고 언젠간 여러분의 이름도 그곳에 있을지도 모른다. 주위 사람들의 편견을 깨고 오늘부터 글을 쓴다면 말이다.

"아마 주위 사람들이 네 주제에 무슨 책을 쓰냐고, 정신 차려라.' 라는 말씀들을 할 거예요. 그런 분들과 거리를 두시는 것을 추천합니다."

책 쓰기 수업할 때마다 늘 하는 말이다. 그리고 그 수업을 들으신 분들이 꼭 나중에 이렇게 말한다.

"제 지인들이 그렇게 말할 줄 어떻게 아셨어요? 똑같이 말하던데요?"

왜냐하면 내가 들었던 말이기 때문이다. 그리고 수많은 예비 작가가 들었던 말이기 때문이다. 남들이 뭐라 해도 나는 오늘도 책을 읽고 책을 쓴다.

─ 9 ─
'만약'을 '어떻게'로 바꾸면

늘 나는 내 삶에 불만족했다. 되고 싶은 것, 하고 싶은 것은 많았지만 인생은 결코 내 마음대로 되지 않았다. 그래서 늘 자주 다음과 같이 외쳤던 것 같다.

"만약 내가 원하는 대로 살 수 있다면 얼마나 좋을까?"
"만약 내가 작가가 된다면 얼마나 좋을까?"
"만약 내가 원하는 꿈이 다 이루어진다면 얼마나 좋을까?"

그러고 보면 나는 항상 '만약'을 생각했다. 만약이라는 말 자체에는 '이루어질 가능성이 작다 혹은 희박하다.'라는 뜻이 있다고 한다. 스스로도 그렇게 생각했던 것 같다. 상상하는 것만으로도 행복했지만, 거기까지였다. 오히려 더욱 슬퍼졌다. 이루어질 수 없는 달콤한 꿈이었기 때문이다.

어느 날 잠에서 깨어난 제자가 울고 있었다고 한다. 그 모습을 본 스승이 제자에게 무슨 일인지, 왜 우는지 물어봤다. 제자가 했던 답이 시간이 지나도 잊히지 않는다.

"이루어질 수 없는 달콤한 꿈을 꾸었기 때문입니다."

나 역시 그랬다. 나도 내 꿈이 이루어질 수 없다는 것을 잘 알고 있었기 때문에, 생각할수록 오히려 더 슬프기만 했다.

그런데 우연히 다음 문장을 보게 되었다.

"여러분 '만약'이라는 말을 '어떻게'로 바꾸어보세요. 꿈으로만 두지 말고 어떻게 하면 그 일을 이룰 수 있을지 한번 고민해보세요. 그렇게 하면 세상에 못 이룰 일은 없습니다. 제가 하고 싶은 말은 다음과 같습니다. '만약'을 '어떻게'로 바꾸면 인생이 바뀝니다."

그 이후 나는 다음과 같은 생각을 했다.

'어떻게 하면 내가 원하는 대로 살 수 있을까?'
'어떻게 하면 내가 작가가 될 수 있을까?'
'어떻게 하면 내가 원하는 꿈이 다 이루어질까?'

성공했던 사람들은 문제에 골몰하지 않는다고 한다. 어떻게 그 문제를 해결할지에 집중한다고 한다. 그렇기에, 그 생각의 차이 때문에 그들은 세계적으로 성공한 것이 아닐까?

질문의 수준이 인생의 수준을 결정한다는 말처럼 그때부터 나는 새로운 인생을 살게 되었다. 왜냐하면 계속해서 '어떻게'에 대해 생각했기 때문이다.

나의 인생은 하나도 바뀌지 않았지만, 내 생각은 완전히 바뀌어 있었다. 이제 나는 방법만 찾으면 그 꿈을 이룰 수 있게 되었으니 말이다. 그때부터 간헐적으로나마 책을 읽기 시작했다. 그리고 그때부터 조금 더 빠르게 내 인생은 변화되기 시작했다.

- 10 -
지금 알고 있는 걸
그때도 알고 있었더라면

가끔 답답한 시간을 보낼 때가 있다. 일이 내 마음대로 풀리지 않을 때, 노력한 것만큼 결과가 나오지 않을 때 가슴속 깊은 답답함을 느낀다. 미래가 보이지 않기 때문이다. 미래가 너무나도 불확실하기 때문이다. 20대의 내가 그랬다. 답답한 현실에서 벗어나려고 많은 일을 하고 또 많은 것을 배웠다.

1년 가까이 용접을 배웠다. 시험 응시 몇 분 만에 탈락했다. 그때는 이미 군대 입대 날짜가 가까워져서 다시 시험을 칠 수도 없었다. 1년간의 노력이 허무하게 사라졌다. 내 작은 꿈이 사라지는 순간이었다.

1년 가까이 번역을 배웠다. 정말 열심히 했지만, 이 시험 역시 탈락했다. 점수가 턱없이 낮아서 다시는 응시하고 싶지 않았다. 며칠

동안 좌절감에 빠져 있었던 것 같다. 식음을 전폐하고, 주위 사람들과 연락도 끊고 연말을 보냈던 기억이 난다.

그 외에도 정말 많은 것을 했다. 하지만 그때는 1년 후가 보이지 않았다. 1년 후에 관한 생각은 사치였다. 하루하루가 전쟁터와 같았다. 그 상황에서는 내일 하루도 꿈꾸기 힘들었기 때문이다. 그럴수록 나는 그 현실에서 도망쳤던 것 같다. 게임을 하면서 또 사람들을 만나면서 그 시간을 억지로 잊으려고 했었던 것 같다.

지금 알고 있는 걸 그때도 알았더라면
내 가슴이 말하는 것에 더 자주 귀 기울였으리라.
더 즐겁게 살고, 덜 고민했으리라.
금방 학교를 졸업하고 머지않아 직업을 가져야 한다는 걸 깨달았으리라.
아니, 그런 것들은 잊어버렸으리라.
다른 사람들이 나에 대해 말하는 것에는
신경 쓰지 않았으리라.
 - '지금 알고 있는 걸 그때도 알았더라면', 킴벌리 커버거(Kimberly Kirberger)

'지금 알고 있는 걸 그때도 알았더라면'

아무리 곱씹어봐도 전혀 지겹지 않은 문장이다. 후회만이 가득했던 지난날이 떠오르고 남들이 나에게 했던 말도 생각난다. 내가 만약 그때의 나에게 돌아가 한마디만 할 수 있다면 얼마나 좋을까? 아무것도 아닌 그저 평범한 아니 실패했던 한 청년에게, 너무나 행복한 삶을 사는 지금의 내가 갈 수 있다면 얼마나 좋을까?

만약에 단 한 번만이라도 그럴 수 있다면, 과거의 내게로 갈 수 있다면, 그때 했던 모든 것들이 허무하지 않았다고 말해주고 싶다.

용접을 배운 덕분에 지금도 용접을 할 수 있고, 오랫동안 했던 번역 공부 덕분에 영상 번역을 하기도 했다. 지금도 원서는 곧잘 읽는다. 그때의 경험이 있었기 때문이다.

군대에 늦게 갔기 때문에 사람을 구할 수 있었다. 아마 20대 초반에 갔다면 이런 경험을 할 수 없었을 것이다. 정신없이 바쁘기만 했을 것이다. 하지만 20대 후반에 갔기 때문에 좀 더 많은 것을 배울 수 있었다. 그때는 몰랐지만, 그 모든 것이 경험이었고 나의 재산이 되었다. 그 경험들 덕분에 나는 다른 관점으로 세상을 볼 수 있었다.

또 과거로 갈 수 있다면, 몇 권의 책을 주고 오고 싶다. 시간이 더 있다면 그 책에 대해서 또 작가의 삶에 대해서 말해주고 싶다.

너라는 사람이 5년 뒤에 작가가 된다고, 연 끊고 살았던 어머니와 함께 살게 된다고, 제주도에 가서 여자 친구도 만나고, 매일 강의하며 책을 쓰며 너와 같이 작가가 되고 싶은 사람들을 가르치고 있다고 말하고 싶다. 그리고 아마 그 청년은 믿지 못할 것 같다.

"대구에서 갑자기 제주도요? 어머니와는 평생 연을 끊었습니다. 주위에서 너 같은 사람은 절대 작가가 될 수 없다고 말하던데요?"

그럼 나는 말할 것이다. 사실 나도 믿지 못하겠다고. 지금 내 삶이 믿어지지 않는다고. 그런데 분명히 그렇게 될 거라고.

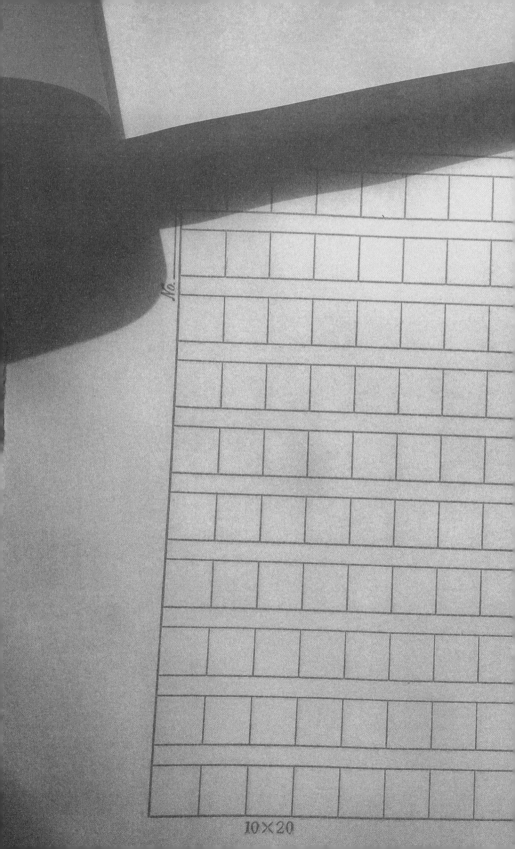

No.

10×20

제 2 장

말하는 대로

열심히 하는 것보다
잘하는 것이 중요하다

예전에 1년 정도 반찬 배달 일을 한 적이 있었다. 마음에 맞는 사장님과 또 형들이 있어 참 즐거웠다.

지금도 그렇지만 나는 참 덤벙거리는 성격이었다. 그런 사람이다 보니 반찬을 정갈하게 담거나 또 물건을 조심스럽게 옮기는 일에 서툴 수밖에 없었다. 자주 크고 작은 실수를 했다. 어떤 날은 한 소리를 들었다.

"어떻게 매일 실수를 하니? 좀 조심성 있게 해."

"죄송해요, 형. 열심히 할게요."

"야, 열심히도 중요하지만 더 중요한 건 잘하는 거야."

사실 그때만 해도 '열심히 한다.'라는 말은 참 자주 쓰였다. 그래서 일까? 그 말이 나에게는 참 충격이었다. 열심히 하는 게 더 좋다는 내 생각을 뒤바꾼 한마디였기 때문이다. 왜 그런 생각을 한 적이 없었을까? 그동안 실수하고 또 잘못하면서 '열심히 했습니다.(그러니 이해해주세요.)'라고 말한 것은 아닌지 스스로를 돌아보게 되었다.

최근 재미있는 실험을 본 적이 있다. 대학교 학생들의 시험 성적에 관한 실험이었는데, 아주 높은 점수를 받은 학생들은 그 아래 등급 학생들보다 공부 시간이 적다는 것이다. 공부 시간이 적은데 시험 성적이 더 좋다니 나로서는 도저히 이해되지 않았다. 아래 등급 학생들은 공부를 열심히 하지 않았을까? 아니다. 상위권 학생들인데 열심히 하지 않았을 리가 없다. 그런데 왜 성적은 생각보다 낮게 나왔을까?

바로 집중력 때문이었다. 열심히도 했지만 잘했기 때문이었다. 비교적 짧은 공부 시간에 온전히 집중했기 때문이었다.

인생에서도 마찬가지 아닐까? 열심히 사는 것도 중요하지만 온전히 집중해서 잘 사는 게 더 중요하지 않을까?

'우리는 왜 대학에 가는가.'라는 다큐멘터리를 본 적이 있다. 많은 것이 기억나지만 다음의 이야기는 정말 큰 충격이었다.

한 학생이 자신의 이야기를 하고 있었다. 자신의 성장 과정과 이력과 경력 등을 소개하고 있었다. 일종의 엄친아였다. 성적도 항상 1등에, 전교 회장만 몇 번, 영어와 중국어 등 여러 언어도 수준급이었고 또 여러 대회 수상까지…… 스펙이라는 스펙은 다 가지고 있었다. 스펙남이라고 할 만했다.

모든 학생이 부러워했다. 그런데 한 사람의 표정만 좋지 않았다. 바로 담당 교수였다. 끝날 것 같지 않던 자기소개가 끝나고 담당 교수가 말했다.

"지금 여기에 기업체 인사담당자가 와 있습니다. 방금 발표를 어떻게 생각하실지 한번 들어보고 싶습니다."

그 학생이 기대하는 표정과는 달리 임원은 간단하게 한마디 했다.

"저라면 뽑지 않겠습니다. 스펙은 많지만, 선택과 집중을 하지 않았기 때문입니다."

취업 9종 세트를 아는가? 이제 취업하려면 9가지 스펙이 필요하다는 뜻이다.

학벌, 학점, 토익, 어학연수, 자격증 등 5종 세트에서 공모전 입상, 인턴 경력, 사회봉사, 성형 수술까지 해야 한다는 뜻이다. 하지만 문제는 그런데도 취업이 쉽지 않다고 한다. 스펙남이 뽑히지 않은 것처럼 말이다. 열심히만 하는 것이 답이 아니기 때문이다.

내가 아는 사람들도 또 내가 모르는 수많은 사람도 다 열심히 산다. 대충 사는 사람은 거의 본 적이 없다. 나름대로 노력해서 한 가정을 이루고 또 자기 계발을 하며 하루하루를 보낸다.

하지만 그 끝을 알고 있을까?

꽤 오랫동안 아르바이트를 하고, 일하고, 또 많은 공부를 했다. 하지만 그 결과는 그다지 좋지 않았다. 분명 열심히 살았지만 왜 그럴까?

내 생각에는 방향이 맞지 않기 때문이다. 내가 어디로 가고 싶은지 또 무엇보다 내가 지금 어디에 있는지 알아야 하는데, 많은 사람이 그저 하루를 열심히 산다. 다른 사람도 달리니까 왠지 나도 달려야 할 것 같다. 그래서 많은 사람이 나중에는 허무함을 느끼는 게 아닐까? '나는 도대체 무엇을 위해서 이렇게 열심히 살았는지…….'라고 자조하면서 말이다.

열심히 사는 것도 중요하다. 하지만 더 중요한 것은 잘사는 것이다. 여러분에게 잘살고 있는지 묻고 싶다. 어제보다 오늘 더 행복한지, 내일이 기대되는지, 가슴이 뛰어서 빨리 내일을 맞이하고 싶은지…….

만약 그렇지 않다면 조금 고민해보았으면 한다. 이 방향이 나에게 맞는 건지, 나는 정말 내가 원하는 대로 살아가고 있는 것인지.

그 고민의 시간만큼 분명 잘살 수 있을 것이다. 더 열심히 살 수 있을 것이다. 모든 사람이 잘살았으면 좋겠다. 모든 사람이 행복했으면 좋겠다.

– 2 –

나는 내가 가장 잘 안다

정확히 기억나지는 않지만, 짧은 일화를 읽은 적이 있다. 그 내용은 짧았지만, 아직도 기억날 만큼 그 충격은 컸다. 내용은 다음과 같다.

한 노인과 청년이 버스를 타고 어디론가 가고 있다. 청년은 창가에 앉아 큰 소리로 외쳤다.

"와! 아버지! 사람이에요!"

"와! 아버지! 나무예요!"

"와! 아버지! 구름 좀 보세요. 너무 예뻐요!"

주위 사람들 중 한 사람이 큰 소리로 말했다.

"어르신의 아드님은 참 신기한 것이 많나 봅니다. 병원에 가야 할 것 같은데요?"

그 말을 들은 노인이 말했다.

"죄송합니다. 저희 아들은 오늘 눈 수술을 하고 처음으로 세상을 봤습니다. 그러니 신기할 수밖에요."

처음 이 글을 읽었을 때 충격받았던 기억이 난다. 나도 아마 다른 사람들과 똑같은 말을 했을 것 같기 때문이다. 이렇게 사람들은 남의 사정을 잘 모른다. 아니 안다고 해도 그 사람만큼 알 수는 없다. 심지어 그런 말이 있지 않은가? 남의 암보다 내 감기가 더 아프다는 말. 내 손가락이 더 아프다는 말.

나의 상황도 그랬다. 사람들은 나의 상황을 전혀 몰랐다. 내가 평범한 가정에 평범하게 살고 있다고 생각했던 것 같다. 나에게 늘 다음과 같이 말했다.

"넌 네가 얼마나 행복한지 모르지?"
"내가 너라면 정말 열심히 살았을 거야. 네가 가진 게 얼마나 많니? 제발 제대로, 똑바로 살아라."

하지만 나는 내일이라도 당장 죽고 싶은 마음이었다. 하루하루가 너무 절망적이었다. 한숨만 가득했다. 원인을 정확히 알 수 없었지만 늘 심란한 마음으로 살았던 것 같다.

초등학교 때 설문 조사가 생각난다.

질문 1 : 경험했던 일을 모두 체크하시오.

1. 새아버지   2. 새어머니   3. 부모님의 이혼   4. 부모님의 사망

4가지를 다 체크했다. 초등학교 6학년 때 이미 모든 것을 경험했기 때문이다. 담임 선생님은 내가 장난을 친다고 생각했던지 엄청나게 혼냈던 기억이 난다. 하지만 의외로 모든 일이 담담했다. 이후에 상담을 통해 그것이 하나의 방어기제임을 깨달았다. 너무 힘들기에 기억을 조작하는 것이라고 했다. 어린 내가 감당하기에는 너무 힘들었을까? 가끔 지금도 그때 어떻게 그렇게 담담할 수 있었는지 신기하기도 하다.

사람들은 너무 쉽게 '네 기분을 알겠다.'라고 말한다. 하지만 똑같은 일을 겪어보지 못했다면 아니 심지어 똑같은 일을 겪었더라도 그 마음을 100%는 이해할 수 없다. 그저 옆에 있어 주는 것만이 가장 큰 위로가 아닐까? 한 사람만 이해해준다면 살 수 있는 것이 사람이다. 한 사람만 내 편이 되어준다면 살 수 있는 것이 사람이다. 심지어 그런 사람이 없더라도 나는 내 편이어야 한다. 왜냐하면, 나는 내가 가장 잘 알기 때문이다.

─ 3 ─
존경합니다, 선생님

"존경합니다, 선생님."

군 복무 시절, 헌혈 버스가 왔다. 군 복무 시절 휴가 갈 때, 외출, 외박 등 외부로만 나가면 헌혈을 했다. 헌혈할 때마다 남을 살린다는 생각이 들었다. 그리고 그 생각에 행복했기 때문이다. 그런데 부대에서 헌혈하다니 꿈만 같았다. 당연히 헌혈하러 갔다. 헌혈하기 전 검사를 하고 있을 때였다.

"황준연 님 맞으시죠?"
"네."
"혈액형은 어떻게 되시죠?"
"B형입니다."
"아…… 헌혈을 많이 하셨네요."

"어쩌다 보니 조금 많이 했네요."

"존경합니다, 선생님."

평생 '존경한다.'라는 말을 처음 들었다. 생전 처음 듣는 말이라서, 그리고 예상도 하지 못한 말이라서 큰 감동을 받았다. 누군가의 존경을 받는다는 것은 이렇게도 기분이 좋은 일인가? 그때부터 다짐했다. 누군가에게 이런 존경을 받을 수 있는 일을 하고 싶다. 사람을 살리고 또 남에게 도움을 주는 일을 하고 싶다.

나도 그 간호사 선생님께 답했다.

"저도 선생님, 존경합니다. 제가 좋은 일 하게 해주셔서, 존경한다는 인사를 받게 해주셔서 감사합니다."

그때 거의 100회의 헌혈을 하고 있었다. 얼마 전에는 264회째 헌혈을 했다. 계산해보니 20살 때부터 병원에 입원했던 1년과 군대에서 보냈던 시간을 제외하고는 늘 헌혈을 했다.

그 시작은 한마디 말이었다. 그 한마디 덕분에 나는 늘 헌혈을 하고 있다. 어떤 한마디는 참 무섭다. 사람의 생각과 행동을 완전히 바꾸어버렸으니 말이다.

그리고 그 시작은 기다림이었다. 대구 시내에서 친구를 만나기로 했는데 이 친구가 많이 늦었다. 그래서 주위를 둘러보는데 헌혈의집이 보였다. 헌혈하면 문화상품권과 여러 상품을 준다는 광고가 보였다. 그냥 기다리기도 뭐하고, 헌혈의 집으로 갔다. 그리고 이렇게 평생 격주마다 가게 될 줄은 상상도 하지 못한 채……

헌혈은 채 20분도 되지 않아 끝났다. 아마 고등학교 이후 두 번째 헌혈이었던 것 같다. 그때 간호사가 지나가듯 말했다.

"수고하셨습니다, 황준연님. 헌혈 6번만 하면 한 사람을 살릴 수 있대요. 앞으로도 오세요."

그 한마디를 듣고 정말 많은 생각을 했다.
'내가 남을 위해서 죽을 수 있을까?'
답은 '모르겠다.'였다.
'그러면 남을 위해서 시간은 줄 수 있지 않을까?'
그리고 다음과 같은 결론을 내렸다.

"아, 그것은 할 수 있겠다."

그때부터 나의 헌혈은 시작되었다. 그러다 국내 기네스북, 세계 기네스북 헌혈 부문을 알게 되었는데, 사고만 나지 않는다면 충분히 가능할 것 같았다. (아쉽게도 그 이후 사고가 났고. 세계 기네스북은 헌혈 70세까지라는 현행규정이 바뀌어야 가능할 것이다.)
'내가 기네스북이라니!'

멋지게 인터뷰하는 모습을 상상만 해도 기분이 좋았다. 그 간호사 분의 이름도, 얼굴도 생각나지 않는다. 하지만 그 한마디가 내 삶을 많이 바꾸었다. 참 감사하다.

서귀포시에는 헌혈의집이 없어서 1시간 거리에 있는 곳에 제주시를 가서도, 폭설이 내려서 도로가 마비되었을 때도, 육지에 강연을 갈 때도, 심지어 군대에서는 외출 시, 또 외박할 때마다 헌혈했다. 너무 행복했기 때문이다.

내 목숨 걸고 남을 돕기는 힘들어도, 내 시간을 잠깐 주면서, 누군가의 생명을 구할 수 있다는데 안 할 이유가 무엇일까?

과학이 발전했지만 피는 인공적으로 만들 수 없다고 한다.

오늘 헌혈을 해보면 어떨까?

사람이 가장 행복할 때는 남을 도울 때라고 한다.

오늘 바로 할 수 있다.

오늘 바로 행복해질 수 있다.

오늘 누군가의 존경을 받을 수 있다.

− 4 −
말하는 대로

제주도에서 음악으로 재능기부를 할 수 있다는 말을 듣고 어느 봉사단체와 함께 한 적이 있다. 노래하는 것도 좋아하고 또 봉사도 좋아하기에 나에게는 딱 맞는 것 같았다. 어느 날은 우리끼리 작은 행사를 준비했다.

"각자 자신을 가장 잘 표현하는 곡을 준비해서 불러보는 시간을 갖도록 하겠습니다."

나는 1초의 망설임도 없이 처진 달팽이의 '말하는 대로'를 선곡했다. 내 삶과 같았기 때문이다.

나 스무 살 적에 하루를 견디고 불안한 잠자리에 누울 때면
내일 뭐 하지 내일 뭐 하지 걱정을 했지

− '말하는 대로'

우연히 이 노래를 듣는 순간 나는 그 자리에 서 있을 수밖에 없었다. 마치 내 삶을 이야기하는 것 같았다. 얼마나 답답할까? 얼마나 힘들까? 나의 지난 시간을 되돌아보았다.

20대의 거의 모든 순간이 그랬다. 내일이 오는 것이 불안하고 내일 뭐 하지 걱정을 했다. 잠은 안 오고, 가슴은 답답하고, 안 되는 일만 가득했다. 이 노래의 가사를 듣는데 눈물이 났다. 30살이 넘어가는 지금도 그때의 불안감이 느껴진다. 이대로 살다가 망할 것 같은 느낌, 시시하게 이 세상을 살 것 같은 느낌이 나를 감쌌다.

하지만 나는 그렇게 살고 싶지 않았다. 말하는 대로 살고 싶었다. '작가가 되고 싶다.', '동기부여 강사가 되고 싶다.'라는 그 꿈을 이루고 싶었다. 내가 마음먹은 대로 또 말하는 대로.

하지만 그때는 방법을 몰랐다. 아무도 알려주지 않았기 때문이다. 관련된 책을 읽기도 했지만 여전히 갈 길은 깜깜했다.

흔히 사람이 무엇인가를 배우기 위해서는 3가지 방법이 있다고 한다.

첫 번째는 사람을 통해서이고 두 번째는 책을 통해서, 그리고 마지막 세 번째는 생고생을 해서 배울 수 있다고 한다.

나 같은 경우는 두 번째 방법 즉 책을 선택했다.

책을 통해서 말하는 대로 살았던, 그리고 살고 있는 사람들을 알게 되었다. 완전히 망했다고 생각했던 나보다 더 망했던 사람들이 작가가 되고, 강사가 되고, 자신의 이야기를 할 때 전율을 느꼈다. 그리고 생각했다.

'아! 나도 저렇게 되고 싶다. 나도 지금의 내 문제를 이겨내고, 사람들에게 힘을 주고 싶다. 동기부여 강사가 되어 사람을 살리고 싶다.'

그리고 그렇게 말했던 대로 나는 작가가 되고, 강사가 되었다. 그리고 정말 소원이 이루어졌다. 다음과 같은 말을 들었기 때문이다.

'작가님의 이야기를 들으며 다시 힘을 내보기로 했어요.'
'작가님의 책 덕분에 다시 한번 살아보기로 했어요.'

앞서 나온 '말하는 대로'라는 노래의 2절 가사에는 그 꿈을 이룬 모습이 나온다. 1절에서는 답답한 현실을 이야기한다. 2절에서는 그 꿈을 이루어보기 위해 노력해보니 실제로 그 꿈을 이룬 모습대로 살게 된다. 그 이후 나는 말하는 대로라는 단어를 좋아하게 되었다.

여러 인터넷 카페에서, 내 별명은 말하는 대로다. 내가 이전에 말하던 대로, 지금 말하는 대로 다 이루어지고 있기 때문이다.
여러분이 원하는 삶은 어떤 삶인가?
마음먹은 대로, 말하는 대로 살 수 있다면 얼마나 좋을까? 하지만 나는 오늘부터라도 당연히 그럴 수 있다고 말하고 싶다. 도저히 그렇게 보이지 않고, 지금 상황으로 봤을 때는 말도 안 되는 것 같지만, 수많은 책이 또 수많은 사람이 다음과 같이 말한다.

"내가 할 수 있다는 것은 여러분도 할 수 있다는 것입니다."

나도 내 삶을 바꾸는 것이 불가능하다고 생각했다. 내 주위의 수많은 사람도 불가능하다고 생각했다. 심지어 그렇게 말하기도 했다. 하지만 지금은 내 별명대로 말하는 대로 살고 있다. 그리고 많은 사람도 그렇게 살고 있다. 말하는 대로.

나를 믿어준 한 사람

살고 싶은 날보다, 살기 싫은 날이 많았다. 하지만 그런 사람에게도 한 사람만 있으면 된다고 한다. 기다려 줄 수 있는 한 사람만 있다면 그 사람은 살 수 있다고 한다. 나에게는 R 선생님이 그런 사람이었다. '아마 R 선생님이 없었다면 내 삶이 지금과는 많이 달라지지 않았을까?'라는 생각이 자주 든다.

교회에서 처음 만난 R 선생님은 참 친절했다. 주일학교 성경공부 시간에, 성경공부보다, 놀러 가서 맛있는 것을 많이 먹었고, 야밤에 불려 나가 심야 영화를 보며 한참 동안 이야기하기도 했다. 책과 함께 용돈도 주시고 무엇보다 함께 많은 시간을 보냈다. 만날 친구도 없었고, 오직 게임만 했던 나에게는 거의 유일하게 소통했던 사람이었다. 그때도 늘 의문이었다.

'왜 하필 나와 이렇게 많은 시간을 함께 보내시는 걸까?'

무료했던 나의 삶이 R 선생님 덕분에 또 R 선생님이 선물한 책들 덕분에 달라지기 시작했다. 많은 책을 선물 받았고, 덕분에 독서 습관이 생겼다. 소설, 자기 계발서 등 닥치는 대로 읽었다. 덕분에 군대에서도 책을 읽었고, '경청'이라는 책을 읽고, 한 사람을 구하고, 또 많은 사람을 상담했다. 모두 책을 읽었기 때문이었다.

제대하자마자 바로 만난 것도 R 선생님이었다.

"야! 고생했다. 이거, 제대 선물."

통장이었다. 분명 내 이름으로 되어있지만, 내가 만들지 않은 통장. 거기에는 400만 원이 들어 있었다.

"이거 뭡니까?"
"너 군대에 있는 동안 한 달에 한 번씩 모았어. 10만 원씩, 20만 원씩. 불법이지만 네 이름으로 만들었다."

그 돈 덕분에 컴퓨터를 사고 바로 디지털대학교를 다닐 수 있었다. 사실 고졸도 나쁘지 않다고 생각했다. 아마 그 돈이 없었다면 나는 여전히 고졸이었을 것이다. 그러니 대학 졸업한 것도 모두 R 선생님 덕분이었다.

"고졸도 나쁘지는 않은데, 선생님이 살아보니까 아직도 고졸은 힘들더라. 갈 데도 없고, 가능하면 대학교는 졸업해라."

덕분에 한국어 교사가 되었다. 중간에 통·번역가의 꿈 그리고 작가의 꿈이 생겨서 아직 수업은 해본 적이 없지만. 그래도 그 졸업장 덕분에 바로 학습지 교사로 일할 수 있었다. 아마 학습지 교사를 하지 않았다면 나는 작가의 꿈도 가지지 못했을 것 같다.

3년 만에 몰라보게 성장한 그 아이를 만나지 못했다면, 그 외에 수많은 친구를 만나지 못했더라면, 나는 어제와 똑같은 오늘을 또 내일을 살았을 것이다. 어쩌면 그 모든 것을 가능하게 해준 것이 R 선생님이었다.

R 선생님이 나를 살린 것처럼, 나도 누군가를 살리고 싶다. 가능하면 나도 돈을 많이 벌어서 이렇게 도와줄 수 있으면 좋겠다. 그래서 그 길을 가고 있다. 이제 시작이지만, 하루하루 가슴 뛰고 행복하다. 나를 믿어주는 사람들이 있기 때문이다. 나도 살리고 싶은 사람들이 있기 때문이다. 내가 그 한 사람이 되고 싶기 때문이다.

주위에 어떤 사람이 있느냐에 따라서 그 사람의 운명이 바뀐다는 말이 있다. 또 주위의 환경에 따라서 사람이 바뀐다는 말도 있다. 그만큼 내 주변에 어떤 사람이 있느냐가 그만큼 중요하다는 뜻일 것이다.

여러분은 여러분을 믿어주는 한 사람이 있는가? 또 여러분은 어떤 사람인가? 나도 한 사람 덕분에 새로운 삶을 살았던 것처럼 여러분도 가능하다. 그리고 여러분도 주위의 사람에게 그렇게 할 수 있다. 많은 것이 필요하지 않다. 그저 말을 들어주고, 이해해줄 수 있다면 충분하다. 전문가일 필요도 없다. 내가 군대에서 한 사람을 살린 것처럼 그저 옆에 있어 주기만 해도 된다. 그런 사람들이 많아지면 우리나라가 조금은 더 살만하지 않을까?

처음으로 돌이키고 싶어

처음으로 돌이키고 싶어

다시 모든 것을 시작하고 싶어

– '후회', 이현우

길을 가다가 우연히 이 노래를 듣고는 멈춰 섰다. 가수의 외침이 나에게 들리는 듯했다. 시간을 되돌리고 싶다는 그 절규가 바로 앞에서 들리는 듯했다.

여러분은 어디로 돌아가고 싶은가? 처음으로 돌이키고 싶은 순간은 어디인가? 그런데 정말 돌아가면 괜찮을까? 여러분이 원하는 대로 살 수 있을까?

나도 어디론가 돌아가고 싶기는 했다. 하지만 도대체 어디로 가야 할지 알 수 없었다. 나의 10대와 20대는 모두 망가져 있었기 때문이다. 하지만 지금의 삶에서는 벗어나고 싶었다. 어떻게든 벗어나고 싶었다. 그래서 다시 모든 것을 시작하고 싶었다.

부모님이 이혼하기 전으로 돌아가는 게 괜찮을까? 나를 두고 도망간 어머니를 내가 말리면 어떨까? 그럼 우리 집은 다시 화목해지지 않을까? 군대를 좀 더 빨리 갔으면 어떻게 될까? 지금보다는 조금 더 행복했을까? 하지만 도저히 답이 나오지 않았다. 오히려 지금이 더 나은 것 같다는 생각에 한숨은 더욱 깊어졌다.

'과거로 돌아갈 수 있다면?'

이 제목의 유튜브 영상을 본 적이 있다. 부모님이 살아 계실 때로, 또 자신이 젊었을 때로, 또 지금 후회하는 어느 순간으로 돌아가길 바라는 사람들의 이야기를 들으며 많은 생각을 했다. 그런데 의외로 과거로 돌아가고 싶지 않다는 사람들이 있었다. 심지어 어떤 댓글에는 '과거로 돌아가고 싶지 않고 아예 태어나지 않았으면 한다.'라는 글도 보였다. 한 중학생은 다음과 같이 말하기도 했다.

"저는 안 돌아가고 싶어요. 지금까지 힘든 일이 있든 행복한 일이 있든 제 미래에 나중에 도움이 될 것으로 생각하기 때문에."

이 답을 들으며 '나비효과'라는 영화가 생각났다.

주인공인 에반은 어떤 계기를 통해 자신이 과거를 바꿀 수 있음을 깨닫게 된다. 그리고 자신의 과거를 바꾸어 행복한 삶을 살려고 한다. 지금의 삶이 불만족스러웠기 때문이다. 하지만 작은 부분을 바꾸었을 뿐인데 갑자기 본인이 감옥에 가거나 친구가 살인자가 되는 등 생각지도 못한 변화가 생긴다. 정말 제목인 나비효과처럼 작은 것을 바꾸었지만 상상도 하지 못할 만큼 많은 것이 변한 것이다. 그 영화를 보며 돌아가는 것이 꼭 답은 아니겠다는 생각이 들었다.

우연히 어머니와 과거의 이야기를 나눈 적이 있다. 나중에 다시 들은 이야기는 뜻밖이었다. 나에게 그렇게 자상했던 아버지가 엄청 폭력적이셨다고 한다. 그래서 도저히 견디지 못하고 어머니는 도망가셨다고 한다. 살기 위해서 말이다. 그러고 보니 나도 아버지께 참 많이 맞았다. 더 큰 문제는 집에 혼자 있는 날이 많았다. 그래서 밤에도, 새벽에도 혼자 혹은 친구들과 돌아다니기도 했다.

초등학교 때는 용돈이 없어서 신문을 돌리기도 했다. 무턱대고 신문사에 들어가서 신문 배달을 한다고 하고, 중국집에서 전단지를 돌리기도 했다.

아르바이트생을 구하지도 않는 곳에 찾아가서 일을 달라고 하던 내 모습이 생각난다. 그때도 참 용감했구나 싶다. 하지만 그 시간으로 돌아가고 싶지는 않다. 20대에 내가 겪었던 모든 아픔의 근원이 그곳에 있었기 때문이다.

아무리 생각해봐도 딱히 돌아가고 싶은 시간은 없는 것 같다. 지금이 가장 좋기 때문인 것 같다. 그리고 내일이 기대되기 때문이다.

"작가님의 3년 후가 너무 기대돼요."

최근 가장 많이 듣는 말 중에 하나다. 33살의 평범한 직장인이, 1년 만에 2권의 책을 쓰고, 작가가 되고 강사가 되었다. 그리고 책 쓰기 코치를 하면서 또 다른 예비 작가를 돕고 있다.

1년 만의 변화가 나도 믿기지 않을 정도다. 3년 뒤에는 어떤 일이 생길까? 아니 당장 1년 뒤에 어떤 일이 생길까? 기대된다. 그 생각에 오늘도 가슴이 뛴다.

많은 사람이 과거의 어느 시점으로 돌아가고 싶어 한다. 사람들이 후회하는 대부분 내용이 바로 바꿀 수 없는 과거라는 글만 봐도 알 수 있다. 하지만 과거로 돌아갈 수도, 돌아간다 해도 그 과거를 바꿀 수도 없을지 모른다.

지금 할 수 있는 일은 현재를 잘사는 일이다. 그렇게 되면 과거가 재해석된다. 내가 아는 과거를 바꾸는 유일한 방법이다.

내 상처가 다른 사람에게는 희망이 되고, 내 걸림돌이 어느 날 디딤돌이 된다. 중요한 것은 현재다. 바꿀 수 있는 것도 오직 현재다. 오늘에 집중해야 한다. 지금, 이 순간을 살아야 한다. 그렇게 하면 원하는 미래를 만날 수 있지 않을까? 미래의 어느 시점에서 과거를 회상할 때, 오늘을 회상할 때 행복하지 않을까? 결국 오늘에 달렸다. 오늘의 모습이 내일의 모습인 것이다.

- |7| -
다른 사람의 의견이
나의 현실이 될 필요는 없다

많은 사람은 '자신이 바뀔 수 없다.'라는 낙인을 찍으며 평생을 살아간다. 다른 사람이 내리는 판단에 '자신의 미래를 바꿀 수 있다.'라는 생각을 하지 못한다. 남들이 또 많은 사람이 그렇게 말했기 때문이다.

하지만 유명한 동기부여가인 레스 브라운은 말한다.

"다른 사람의 의견이 나의 현실이 될 필요는 없다."

그렇다. 다른 사람의 말이 정답은 아니며, '아직 성장할 수도 있다.'라는 믿음이 인생을 바꿀 수 있다.

내 주위의 많은 사람이 나를 긍정적이라고 생각한다. 하지만 돌아보면 나는 긍정적이라기보다는 포기가 빨랐다. 왜냐하면, 도전하지 않으면 실망할 일이 없기 때문이다.

누구보다 빠르게 포기했고, 많은 시도를 하지 않았다. 마음은 편했다. 현상 유지라고 생각했지만, 그것도 큰 착각이었다. 날마다 시간만 흘렀다. 그리고 예상하는 것처럼 내 삶은 점점 뒤처지고 있었다. 하지만 '괜찮다.'라며 착각하고 있었다.

많은 사람이 나와 같은 착각을 한다. 가만히 있으면서 현상 유지를 하고 있다고 생각한다. 하지만 내가 가고 싶은 방향과 반대로 움직이는 에스컬레이터에 서 있다고 생각해보자. 가만히 있으면 그 자리에 서 있을까? 아니면 점점 뒤로 가게 될까? 그 결과는 뻔하지 않을까?

여러분은 작년보다 올해 더 나은 삶을 살고 있는가? 그리고 오늘보다 내일이 더욱 기대되는가? 바로 지금 생각만 바꾸어도 그 미래가 얼마나 달라질 수 있는지 알고 있는가?

말했던 것처럼 나는 포기가 빠른 사람이었다. 왜냐하면 '해도 안 된다.'라고 생각했기 때문이다. 놀랍게도 내가 이제껏 실패했던 이유가 단지 그 생각 때문이라고 말한다면 어떨까? 고정 마인드셋 때문이라면 어떨까? 그리고 이 글을 읽는 바로 이 순간 성장 마인드셋으로 원하는 미래를 살아갈 수 있다면 어떨까?

바로 작년까지만 해도 나는 평범한 직장인이었다. 이 일 말고는 할 수 있는 것이 없다고 생각했기 때문에 20대 내내 편의점 아르바이트와 함께 수많은 업체에서 배달일을 했다.

'내 인생은 도저히 변할 수 없을 것.'이라 생각했기 때문에 다른 일에 도전하지 않았다. 하지만 '마인드셋'을 만나고, 성장 마인드셋을 알게 되면서 나의 마음가짐을 180도 바뀌게 되었다. 그리고 기적적으로 작가와 강사가 되었다.

놀라운 사실은 이 일이 여러분에게도 가능하다는 사실이다. 존경받는 위인들도 그저 평범한 시절이 있었다. 하지만 성장 마인드셋이 생기자 그들은 모든 일에 도전할 수 있었고 어제보다 더 나은 오늘, 그리고 오늘보다 더 나은 내일을 꿈꿀 수 있었다.

자기 계발서를 읽다 보면 '시각화'라는 말이 곧잘 나온다. 즉 '믿는 대로 된다.'라는, 처음에는 다소 믿을 수 없는 문장 말이다. 하지만 마인드셋을 알게 되면 그 문장이 비밀이 아니라 과학이라는 것을 알게 된다. 누구에게나 적용 가능한 과학 말이다.

오늘도 나는 내가 더 성장할 수 있음을 믿는다. 책을 읽고. 강의를 듣고, 다양한 사람을 만난다. 또 책을 쓰고, 강의한다. 그러면 그럴수록 내가 더욱 성장하는 것을 느낄 수 있다. 이 과학을 나만 알지 않았으면 한다. 여러분도 이 마인드셋을 가졌으면 한다. 현실을 바꿀 수 있다는 믿음을 가질 수 있게 될 것이며, 여러분의 인생은 180도 달라질 것이다. 그리고 다음의 문장처럼 될 것이다.

마인드셋에 따라 세상이 바뀐다.

– 8 –
인생이 바뀌는 한 문장

평범한 직장인, 평범한 가정, 평범한 사람이 나의 꿈이었다. 누구보다 평범하고 싶었다. 하지만 내 삶은 초등학생 때부터 그 평범함과는 멀어지고 있었다. 어쩌면 그랬기 때문에 나는 그렇게 평범함을 꿈꾸었는지도 모르겠다.

초등학교 3학년쯤 어머니가 집에 들어오지 않았다. 아버지는 밤늦게까지 공장에서 일하는 경우가 많았다. 그때 저녁은 어떻게 먹었는지, 저녁 시간을 어떻게 보냈는지는 잘 기억나지 않는다. 가끔 동네 친구들과 새벽까지 놀았다. 모든 기억이 단편적이다.

어느새 새어머니가 어머니의 자리를 대신했다. 그러다 다시 친어머니와 살게 되었다. 아버지가 돌아가시고 난 직후다. 이번에는 새아버지가 생겼다. 그때는 몰랐다. 앞으로 몇 번은 더 그런 일이 있을 것이라고는……

고등학교 3학년쯤 완전한 독립을 했다. 아르바이트를 했지만 늘

제2장 말하는 대로 **85**

쪼들렸다. 새벽부터 아르바이트했는데도 돈은 전혀 모이지 않았다. 오히려 친구에게 돈을 빌렸다. 나중에 그 금액이 불고 불어 100만 원에 가까웠다. 그때도 나의 소원은 평범함이었다.

'아! 나도 누구처럼 평범하고 살고 싶다. 남들과 비슷한 집에, 남들과 비슷한 부모님에, 남들과 비슷한 처지로 살 수는 없을까? 정말 평범하게 살고 싶다.'

27살에 군대에 가기 바로 전까지도 아니 그 이후에도 평범함을 꿈꾸었다. 지금의 현실이 너무 싫었다. 하지만 현실은 지독하게도 바뀌지 않았다. 그때 우연히 책을 통해 '호박벌'을 알게 되었다. 과학적으로는 날 수 없는 벌, 그러나 오늘도 날아다니는 벌을 보며 나에게도 작은 희망이 생겼다.

그 이후에도 나는 자주 호박벌을 생각했다. 나를 알던 사람들은 '날 수 없다.'라고 말해도 호박벌은 오늘도 날고 있다. 내 인생도 그렇게 선택하면 되지 않을까? 내가 원하는 삶을 살 수 있지 않을까?

20대 중반이 넘어가던 그때 '가슴 뛰는 삶'이라는 책을 시작으로 독서를 시작했다. 아주 자주 읽었다고는 할 수 없지만, 처음으로 독서 습관이라는 것이 생기기 시작했다. 그리고 최근까지 거의 2,000여 권에 가까운 책을 읽으며 이상한 공통점을 발견하게 되었다. 바로 다음의 문구다.

내가 할 수 있다는 것은 여러분도 할 수 있다는 것이다.

내가 읽은 책은 대부분 자기 계발서였다. 책 덕분에 새벽을 깨우기도 했고, 시간 관리를 처음 해봤고, 여러 온라인 모임에 참여하게 되었다. 책과 사람들을 만나면서 내가 몰랐던 세상들을 알게 되었다. 심지어 '나도 작가가 되고 싶다.'라는 말도 안 되는 생각까지 하게 되었다. 그리고 그 꿈은 실제로 이루어지게 된다. 왜냐하면, 다른 사람이 했다면 나도 할 수 있기 때문이다.

어느 분야, 어느 작가를 막론하고 모두 다 비슷한 말을 했다. '내가 이렇게 해서 성공했다면 너도 할 수 있다.'라는 말이 당시 나에게 큰 힘과 도전이 되었다. 그리고 모든 일에 수동적이었던 나를 능동적인 사람으로 또 일단 시작하는 사람으로 바꾸어버렸다.

성공은 발자취를 남깁니다. 성공한 사람을 따라 하면 어느 정도의 성공은 누구나 할 수 있습니다.

― 브라이언 트레이시

그 이후 내가 읽는 책이나 또 내가 보는 모든 강연의 한마디는 같았다. 그리고 읽은 책이 늘어날수록 나는 다른 사람이 되어갔다. 어느새 내가 꿈꾸던 평범함을 넘어 특별한 사람이 되어갔다. 그 시작은 바로 한 문장이었다.

'하나의 밑줄'이 때로는 혁신적인 아이디어의 시작이 되기도 하고 인생을 완전히 바꾸어버릴 정도의 영향을 미치기도 한다.

– '그들은 책 어디에 밑줄을 긋는가'

나는 호박벌을 만나면서 인생이 완전히 바뀌어버렸다. 이 사실이 과학적인지는 중요하지 않았다. 그 문장을 보고 많은 사람이 삶을 새롭게 보게 되었고, 나도 이전과는 다른 삶을 살게 되었다. 가슴 뛰는 삶을 살게 되었다. 나는 오늘도 하나의 밑줄 즉 한 문장을 찾기 위해 몇 시간씩 책을 읽는다. 그 한 문장을 만날 때 나의 인생은 또다시 바뀌게 될 것이다. 그 한 문장들을 함께 나누고 싶다. 인생은 하나의 밑줄만으로도 움직이기 시작하기 때문이다.

-9-
성공의 흔적을 따라서

　비즈니스 컨설팅 회사 At Ease Inc의 대표이자 베스트셀러 작가인 앤 마리 사바스는 실제 백만장자 수십 명을 인터뷰해 그들이 그러한 부를 얻을 수 있었던 결정적 비결을 조사했다. 특이한 점은 100명 이상의 백만장자로부터 얻은 각각의 노하우가 아닌, 그들 모두로부터 공통으로 들은 52가지의 비결을 담고 있다는 점이다.

　'오직 스스로의 힘으로 백만장자가 된 사람들의 52가지 공통점'에는 평범한 사람들이 어떻게 현재의 부를 가졌는지를 알려준다. 그리고 태도와 생각이 얼마나 중요한지 말하며, 누구나 가능하다고 말하고 있다. 심지어 그들은 과거와 현재뿐 아니라 미래에도 더 크게 부자가 될 수밖에 없는 습관과 생각을 갖고 있었다고 한다. 그리고 그 비결을 따라 한다면 누구나 백만장자가 될 수 있다고 말하고 있다.
　실제로 이 책의 에필로그는 다음과 같은 고백이 나온다.

독자에게 자신만의 힘으로 백만장자가 되는 방법을 알리기 위해 책을 썼는데 제가 백만장자가 되었습니다.

- '오직 스스로의 힘으로 백만장자가 된 사람들의 52가지 공통점'

에필로그를 읽으면서 빵 터짐과 동시에 큰 교훈을 얻었다. 그리고 책의 내용이 진실임을 깨달았다. 평범한 작가가 자신이 조사했던 사람들과 같이, 자신도 어느새 부자가 되었기 때문이다.

이 책을 읽는 동안 나폴레온 힐의 '놓치고 싶지 않은 나의 꿈 나의 인생'이 생각났다. 나폴레온 힐은 부자들에게 배운 내용을 종합하여 공통적인 좋은 행동과 교훈을 책으로 썼다. 그리고 수많은 사람을 부자로 만들었다. 그리고 본인도 부자가 되었다.

처음 나폴레온 힐이 '부자가 되는 법'이라는 주제로 책을 썼을 때 주위 사람들은 그를 극렬하게 비난했다.

"자기도 가난한 주제에 부자가 되는 법을 주제로 책을 쓰다니!"

그리고 아무도 그의 말을 믿지 않았다. 하지만 앞에 나온 대로 나폴레온 힐은 결국 부자가 되었고, 그의 책을 읽었던 수많은 사람도 부자가 되었다. 지금도 나폴레온 힐의 책은 계속해서 나오고 있다. 그리고 수많은 사람을 부자로 만들고 있다. 왜냐하면, 성공한 사람을 따라 하면 성공하기 때문이다. 범인이 반드시 증거를 남기듯, 성공은 반드시 흔적을 남기기 때문이다.

길을 모를 때 심지어 요즘은 길을 알아도 사람들은 내비게이션을 켠다. 내비게이션이 말하는 대로 가면 대부분 제대로 된 장소에 그리고 제대로 된 시간에 도착한다. 길을 헤매지 않고 말이다.

여러 작가와 강사들이 나에게 그랬다. 의문이 생길 때마다 책을 읽었고 강의를 들었다. 강의 때는 늘 질문했다. 아마 그 만남이 내 인생을 이렇게 많이 바꾸었을 것이다.

작가가 되고 싶은가? 그렇다면 작가와 어울리면 된다. 작가들을 만나면 된다. 그리고 작가들의 습관을 그대로 따라 하면 머지않아 여러분도 작가가 될 것이다. 그것이 작가가 되는 가장 빠른 길이다. 다른 것도 마찬가지다. 내가 꿈꾸는 사람과 가까이 있을수록 그 꿈이 실현될 확률은 더욱 높아진다. 그 꿈을 이룬 사람이 조금 도와주기만 해도 훨씬 쉽게 그 꿈을 이룰 수 있기 때문이다.

No.

10×20

제 3 장

새벽을 깨우다

새벽을 깨우다

열심히만 하는 것이 답일까? 그런데 왜 열심히 살아도 내 삶은 변함이 없는 것일까? 33살 때 생각해 본 내 미래는 암울했다. 하루하루 바쁘게 살아가지만 분명 열심히 살아가지만, 방향이 맞지 않는 듯했다. '무엇이 문제일까?' 아무리 생각해보아도 답이 안 나오던 그때 한 통의 쪽지를 받았다.

아직도 바쁘고 분주하게만 살아간다면
새벽을 깨워 미래를 준비해야 합니다

하루하루가 아직도 무기력하고
늘 시간에 쫓겨 분주하게만 살아간다면
새벽이 '답'입니다!

사실 이 쪽지는 그날 처음 본 것이 아니었다. 늘 보자마자 내용은 제대로 읽지도 않은 채 삭제를 눌렀다. 그런데 그날은 달랐다. 늘 시간에 쫓기고 있지만, 무엇 때문에 바쁜 것인지 도대체 이유를 알 수 없는 나에게 무엇인가 답을 줄 것만 같았다. 그래서 처음으로 '새깨톡'이라는 채팅방을 알게 되었다.

하지만 조금 더 일찍 일어난다고 미래가 바뀔까? 그런 생각으로 시작된 첫 모임. 깜짝 놀란 사실은 새벽 3시~5시에 하루를 시작하는 사람이 많다는 것, 그리고 환경의 힘이 얼마나 무서운지 깨달았다는 사실이다.

'새깨톡'이라는 모임을 통해 환경의 힘이 얼마나 중요한지 새삼 깨달았다. 주위에 새벽을 깨우는 사람이 없을 때는 9시에 일어나는 것이 때로는 오후에 일어나는 것도 전혀 이상하지 않았다. 오히려 나는 일찍 일어나는 편이었다. 그런데 이 모임을 하게 되면서 나의 기상 시간은 완전히 바뀌었다. 기본적으로는 5시 기상은 기본이요, 늦잠을 자도 7시였다. 그렇게 몇 달이 지나자 내 몸은 완전히 새벽에 적응했다. 처음에는 일찍 일어나서 할 것이 없었는데 독서를 하기 시작했다. 책 한 권을 다 읽었는데 아직도 7시가 채 안 되던 날들이 많아졌다. 어느 날은 출근하기 전 2~3권의 책을 읽기도 했다. 평소에는 약간의 여유도 없었는데, 새벽을 깨운 것만으로 이렇게 여유가 생기다니 참 놀라웠다.

새벽을 깨우는 습관이 아니었다면 현재 누리고 있는 작가의 삶도 분명 힘들었을 것이다. 10분의 여유도 없는 사람이 어떻게 책을 쓸 수 있을까? 단지 2~3시간 일찍 일어나는 것만으로도 그 모든 문제가 해결됐다. 쪽지 한 통 덕분에, 작은 모임 덕분에 나는 새로운 삶을 살게 되었다.

그 이후에 알게 되었지만 성공한 대부분 사람은 새벽을 깨운다. 강박적이라고 생각될 정도로 새벽에 집착한다. 처음에는 나도 이해하지 못했다. 하지만 새벽을 깨워보면 알게 된다. 새벽에는 나를 방해할 것도 없고 또 온전히 나에게 집중할 수 있는 시간이 생긴다.

나는 주로 그 시간에 책을 읽고 또 책을 쓴다. 스마트폰은 늘 비행기 모드다. 독서하기에, 책을 쓰기에, 또 나의 미래를 계획하기에는 최적의 환경이다.

현재 쓰고 있는 원고의 대부분을 출근하기 전에 완성했다. 이틀 만에 꽤 많은 원고를 완성했다. 이 속도라면 한 달 안에 나의 세 번째 책은 끝날 것이다. 모두 새벽의 힘 덕분이다. 새벽을 깨웠기 때문이다.

우리가 살아가면서 많은 습관이 있지만, 몇몇 습관은 사람을 완전히 다른 사람으로 바꾸어버린다. 좋은 습관이 하나 생기면 연쇄적으로 다른 좋은 습관들도 생기기 때문이다. 그중의 하나가 바로 기상 습관이다.

기상 습관을 가장 처음에 바꾸었던 것이 나에게는 제대로 된 한 방이었다. 시간이 생겼고, 그 시간에 미래를 위해 공부했고, 또 다른 미래를 꿈꾸는 기적의 순간이 바로 새벽이었기 때문이다.

"아침잠은 인생에서 가장 큰 지출이다."

– 앤드루 카네기

나는 오늘도 새벽을 깨운다. 혹시나 늦잠을 자도 7시다. 일어나면 조깅을 하고, 간단한 식사를 한 뒤 바로 독서와 집필 작업에 들어간다. 당연히 내 스마트폰은 비행기 모드다. 새벽부터 출근하기 전 그 몇 시간 만에 나는 사업에 관련된 거의 모든 일을 마무리한다.

새벽이 없었다면 나도 없었을 것이다. 새벽을 깨워보라. 그러면 새벽이 당신을 깨울 것이다. 당신의 미래는 지금과는 많이 달라질 것이다.

— 2 —
다른 미래를 살고 싶다면
지금과 다른 일을 해야 한다

'**1시간에** 44만 원.'

내가 제대로 본 것이 맞는지 한참 고민하던 기억이 난다. 1시간 컨설팅에 40만 원이 넘어간다니. 심지어 나는 제주도에서 육지까지 다녀오는 시간과 비행기 푯값만 해도 엄청나겠다는 생각이 들었다. 하지만 왜일까? 꼭 한 번 만나보고 싶었다. 나에게 새벽과 새로운 꿈을 선물해준 멘토를 말이다.

"혹시 더 궁금한 거 있으세요?"

시간이 얼마나 빠른지 순식간에 약속된 1시간은 지나가 있었다. 최대한 많은 질문을 했고, 그렇게 2~3번의 컨설팅을 더 가졌다. 만나면 만날수록 다음과 같은 생각을 하게 되었다.

'나보다 10년 이상은 훨씬 앞서가고 있는 듯하다. 내가 10년 뒤에는 이분처럼 될 수 있을까? 어떻게 하면 이분처럼 될 수 있을까? 그 지혜를 사고 싶다. 무엇보다 그 시간을 아끼고 싶다.'

브라이언 트레이시는 많은 책과 강연에서 다음의 말을 잊지 않는다.

"성공은 흔적을 남깁니다."

그리고 덧붙인다.

"여러분이 원하는 성공을 누군가는 이미 했을 가능성이 큽니다. 그리고 여러분이 지금 고민하는 일도 누군가에 의해 이미 해결되었을 가능성이 큽니다."

그때는 브라이언 트레이시에 대해 잘 몰랐지만, 난 직감적으로 깨달았던 것 같다.

'대표님처럼 성공하고 싶다. 그렇다면 이 대표님의 성공 과정을 내가 알아야 한다. 하나하나 다 따라 하다 보면 비슷한 길을 갈 수 있지 않을까?'

그러므로 내 월급을 아낌없이 투자할 수 있었다. 토니 로빈스가 청소부 시절 자신의 주급 대부분을 짐론의 강연에 투자한 것처럼 말이다. 심지어 그 강연을 100번 넘게 들었던 것처럼 나도 내 시간과 돈을 투자하고 싶었다.

그래서 늘 다음과 같이 질문했다.

"대표님이 지금의 저라면 가장 먼저 무엇을 할까요?"

그때 나는 생각지도 못한 대답을 들었다.

"많은 조언을 해주고 싶지만, 결국은 책 쓰기를 했으면 해요."

책 쓰기의 비용도 부담이었지만 7주간 제주에서 육지를 오가는 것도, 무엇보다 생각지도 못한 단어에 어안이 벙벙했던 기억이 난다. 내가 할 수 있다고 생각하는 범위 밖의 일이었기 때문이었다. 새벽을 깨우는 것도, 새벽 독서를 하는 것도 가능했지만 책을 쓴다는 것은 너무 먼 미래의 일 같았다.

그때 나는 20대의 내가 생각났다. 언젠가는 작가가 되고 싶다고, 나처럼 힘든 사람에게 좋은 글을 써서 힘을 주고 싶다고 말하던 과거의 내가 떠올랐다.

결정까지는 많은 시간이 걸리지 않았다. 그리고 지금 돌아보면 다음의 말이 정말 맞는 것 같다.

"다른 미래를 살고 싶다면, 이전까지와는 다른 일을 해야 한다."

　나는 늘 내가 할 수 있는 일의 범위에 대해서만 생각했다. 그래서 내가 할 수 있는 성공의 크기는 정해져 있었는지 모른다. 하지만 컨설팅을 통해 나는 그보다 훨씬 큰 그림을 그릴 수 있었다. 왜냐하면, 컨설팅을 통해 그 대표님도 나와 같은 과정을 걸어갔다는 것을 알았기 때문이고, 또 대표님이 했다면 나도 할 수 있을 것이기 때문이다. 그래서 컨설팅했던 대로 해보기로 했다. 이제까지 하지 않았던, 생각지도 않았던 일에 도전해보기로 했다. 그렇게 나는 작가가 되었다. 그렇게 나는 책 쓰기 코치가 되었다.

- 3 -
어느 날 작가가 되었다

"**황준연** 작가님이시죠? 00 출판사입니다."

어느 월요일 아침, 나는 작가가 되었다. 책 쓰기를 처음 시작하던 5개월 전만 해도 '이게 정말 맞는 걸까?'라고 고민하던 시간이 무색하게 정말 빠르게 작가가 되었다. 같은 해에 또 다른 한 권의 책을 낸 것도 여전히 믿어지지 않는다. 역시 이전과 다른 미래를 꿈꾼다면, 지금 달라져야 한다는 말을 뼈저리게 깨달았다. 그 과정은 아래와 같았다.

"황준연 님은 독서에 관한 책을 써 볼까요?"
"독서에 대해서는 잘 모르는데 어떻게요?"
"아…… 한 100권만 읽으면 되죠."

'잘못 들은 걸까?'라고 생각하고 다시 물어보려는데 아무래도 대표님의 표정을 보아하니 내가 들은 말이 틀리지 않은 듯했다. 독서를 좋아는 하는데, 그것으로 책 쓰기라니. 아무리 생각해도 불가능했다. 하지만 멘토의 생각은 달랐다. 왜냐하면, 책은 전문가가 쓰는 것이 아니라, 책을 쓰면서 전문가가 되어가기 때문이다.

> "하루 1시간씩 1년만 독서를 하면 사내에서 누구도 따라올 수 없을 것입니다."
>
> – '독서 천재가 된 홍 팀장'

한 권의 책에는 한 사람의 경험과 지혜가 고스란히 들어가 있다. 심지어 어떤 책에는 한 작가의 평생의 지혜가 들어가 있다. 그 가치는 감히 계산할 수 없을 것이다.

말했듯이 한 권만 제대로 읽어도 그 분야에 대해서 어느 정도 알게 된다. 심지어 어떤 작가는 '책 한 권의 지혜만 있어도 사업하다 망하지 않는다.'라고 장담한다. 어쩌면 당연한 과정이다. 책 한 권만 읽어도 그 분야에 대해 어느 정도 알게 되는데 만약에 같은 분야의 책을 100권을 읽는다면 어떤 일이 생길까? 전문가가 되지 않으면 오히려 비정상적이지 않을까? 제대로 읽었다면 말이다.

성공한 사람들은 책과 신문을 가까이한다. 심지어 어떤 책에서는 독서량과 재산이 정비례한다는 말까지 한다. 책을 안 읽던 내가 책을 읽으면서 어떻게 변했을까? 단 1년 만에 정말 많은 것이 변했다.

책을 가까이하다 보니 어느새 나도 전문가가 되어가고 있었다. 그렇게 책을 쓰고, 강의하고, 자연스럽게 책 쓰기 코치가 되었다.

내 책을 내는 것도 참 신기했지만 내 코칭을 받은 사람이 3달 후 갑자기 작가가 되는 광경도 참 신기했다. 작가가 되기 너무 잘했다고 생각하게 되었다.

암울한 미래를 꿈꾸어왔던 이전과는 다르게 이제는 하루하루 기대되는 삶을 살기 때문이다. 그리고 누군가에게 그런 삶을 선물할 수 있는 능력이 생겼기 때문이다. 1년 안에 전문가가 되고 또 누군가를 전문가로 만들어 줄 수 있는 일이 어디 있을까? 누군가의 꿈을 이루어줄 수 있는 일이 어디 흔할까?

나의 삶은 책 쓰기를 하기 전과 후로 나뉜다. 관점이 180도 변했기 때문이다. 나를 보는 관점도 세상을 보는 관점도.

무엇보다 앞으로 못 할 일이 없을 것 같다. 할 수 없을 거라고, 절대 할 수 없을 것이라고 생각했던 일을 이뤘기 때문이다.

만나는 모든 사람에게 다음과 같이 권한다.

"책 한 권 써보세요."

"제가 무슨 책을 씁니까? 쓸 게 없어요."

"저에게 자기소개서라도 보내보세요. 제가 어떤 책을 쓰면 좋을지

알려드릴게요. 쓰고 싶은 마음이 있다면 하루에 1장만 써보세요. 저
도 그렇게 책을 썼답니다."

"1장만 쓰면 된다고요? 그 정도는 할 수 있을 것 같은데요!"

> 글을 쓰고 싶다면 종이와 펜(혹은 컴퓨터), 그리고 약간의 배짱만 있
> 으면 된다
>
> — 로버타 진 브라이언트

실제 조언만으로도 곧 계약을 앞둔 작가가 있다.

이제까지 2,000권에 달하는 책을 읽었다. 특히 책 쓰기와 관련된
책은 150여 권을 넘게 읽었다. 그리고 3권의 책을 쓰면서 또 많은 예
비 작가들과 소통하며 깨달은 사실이 있다.

이미 여러분들 안에는 책을 쓸 수 있는 스토리 즉 잠들어 있는 거
인이 있다. 글로 써야 할 이야기가 있다. 내가 할 일은 그 방법을 알
려주는 것이다. 단지 그것뿐이다. 그 사실을 깨달은 사람은 작가가
된다. 그리고 이전과는 다른 관점으로 살아간다. 그 일을 할 수 있어
서 참 좋다. 그 일을 도와줄 수 있어서 참 좋다.

─4─
작가는 누구나 될 수 있다

"**책은** 어떻게 내는 건가요?"

'누구나 3달 만에 작가 되는 법'이라는 주제로 시작된 책 쓰기 코칭은, 그 이름 그대로 3달도 되기 전에 새로운 작가를 탄생시켰다.

원래는 조금 더 천천히 책 쓰기 코칭을 시작하고 싶었다. 아니 그때는 확신이 없었다고 하는 것이 옳을 것이다. 최소한 두 번째 책을 내고 (그때는 '평생직장은 없어도 평생 직업은 있다'의 초고를 쓰고 있었다.) 나름의 확신이 생겼을 때 시작하고자 했다. 그런데 제주도에 사는 한 분의 전화를 받았다.

'작가님의 책을 우연히 도서관에서 읽었습니다. 그런데 제주도에 사시더라고요. 혹시 지금도 제주도에 계신가요? 그렇다면 출판사를 통해 내 책 내는 방법이 궁금한데 좀 알려주시겠어요?'

조심스럽게 조언을 구하는데 내가 아는 부분에 대해서는 꼭 알려주고 싶었다. 잠시 만날 것이라 예상했지만, 그 대화는 2시간이 훌쩍 넘도록 이어졌다. 내가 아는 모든 것을 알려주고 돌아서려는데 이렇게 말했다.

"작가님께 책 쓰기를 배우고 싶은데, 얼마가 들까요?"
"아…… 아직은 제가 가르칠 정도는 아닌 것 같아요. 오늘처럼 조언은 드릴 수 있겠지만, 아직 제가 준비가 안 되어서요."
"괜찮으니까 저 가르쳐 주시면 안 돼요?"

제안과 거절이 오가다 결국 그렇게, 생각지도 않게 첫 번째 책 쓰기 코칭이 시작되었다. 대화를 통해 '아이들과 대화하는 법'을 쓰면 좋겠다는 생각이 들었다. 책 쓰기 코칭을 진행하며 독서 미션을 함께 했다.

"아이들과 대화하는 법과 관련된 책 100권 정도만 읽어볼까요?"

나도 이런 표정을 지었을까? 하지만 1주일마다 7~8권씩 독서를 하는 열정을 보며 책은 무조건 나오겠다는 생각이 들었다. 아주 멋진 책이 나올 것 같았다. 그리고 매일 원고를 써서 블로그에 올리는 꾸준함을 보면서 그 생각은 확신이 되었다. 하지만 그 과정은 순탄하지 않았다. 나도 처음 책을 쓸 때 그랬던 것처럼 그분도 몇 번이나 포기한다고 했었으니 말이다. 그래도 걱정하지 않았다. 그분의 블로그에는 늘 새로운 글이 올라오고 있었기 때문이다.

　몇 번을 다른 길로 돌아갔어도 별문제가 되지 않았다. 그들은 언제나 일정한 방향을 향해 가고 있었기 때문이다.

- '연금술사'

　그렇게 그분은 작가가 되었다. 계약까지 3달이 채 걸리지 않았다. '3달 안에 작가 되기'라는 내 수업의 이름에 걸맞은 작가가 탄생했다. 그 이후에도 많은 사람을 만나며 책 쓰기를 알려주고 있다. 3개월이 걸리든, 혹은 조금 더 많은 시간이 걸리든 각자의 속도대로 달려가고 있다. 멈추지만 않는다면 그 끝은 한 권의 책이 될 것이다.

　내가 아는 것을 누군가에게 알려줄 때 그래서 그 누군가가 새로운 꿈을 꿀 때 진심으로 행복하다. 앞으로도 꾸준히 책 쓰기 코치를 하고 싶다. 책을 쓸 때 행복하다. 그리고 그 지식을 알려줄 때 행복하다. 이 행복을 누군가에게도 전하고 싶다.
　오늘도 무료 코칭을 하며 다양한 삶의 이야기를 듣는다. 책으로 쓰면 좋은 이야기들이 넘친다.
　모든 사람은 특별하다. 책으로 쓸 수 있는 스토리는 끝이 없다. 한 사람 한 사람의 삶이 모두 특별하기 때문이다. 나에게는 아무것도 아닌 평범한 경험이지만 누군가에게는 생명을 구할 수 있는 조언이 될 수도 있다. 나는 별것 아니라고 생각했던 일이, 누군가에는 별일이 될 수도 있다. 사람 사는 것은 다 비슷하기 때문이다. 그래서 여러분의 평범한 이야기는 특별하다. 그래서 '제로 창업'의 두 작가는 말한다.

"당신의 경험에는 당신이 생각하는 그 이상의 가치가 있다."

내 생각도 마찬가지다. 여러분의 경험은 엄청난 가치가 있다. 그렇기에 누구나 작가가 될 수 있다. 아니 되어야만 한다.

많은 사람이 나에게 작가가 될 수 없다고 말했다. 내가 만난 사람들도 주위에 그런 사람들이 많았다. 하지만 비웃음과 코웃음을 이겨내며 책을 쓰고 있다. 아마 3달 정도가 지나면 분명 작가가 될 것이다. 처음부터 작가인 사람은 없다. 하지만 작가는 누구나 될 수 있다. 오늘부터 꾸준히 쓰기만 한다면 말이다.

– 5 –
성공은 우연이 아니다

"여러분 한번 상상해 볼까요? 여러분의 자녀가 27살인데, 직업이 없습니다. 대학교도 나오지 못했어요. 남들이 다 있는 스펙도 없어요. 그런데 심지어 아직 군대도 가지 않았습니다. 이 친구는 과연 한국에서 잘살 수 있을까요? 29살에 제대하고, 대학교도 가야 하는데 어떡해야 좋을까요?"

내 질문이 채 끝나기도 전에 여기저기에서 학부모의 한숨 소리가 들려온다. 생각하기도 싫다는 듯 두 눈을 질끈 감고 있는 학부모도 보인다. 그때 다음과 같이 말한다.

"그게 바로 저였습니다. 불과 1년 전의 저였습니다. 제가 이렇게나 변화된 계기가 무엇일까요? 그 시작이 바로 독서였습니다. 그리고 책 쓰기였습니다. 제 이야기 한번 들어보실래요?"

사실 말하는 나도 한숨이 절로 나오는 이야기다. 몇 번을 말해도 늘 한숨이 나온다.

불과 1년 전의 나는 희망이 없는 듯했다. 아니 희망이 없었다. 소위 '이생망'이라는 말이 정확히 맞았다. 즉 이번 생은 망했다고 생각했다. 아니 완전히 망했었다. 하지만 독서와 책 쓰기, 또 컨설팅을 통해서 나는 미래를 꿈꿀 수 있었고 또 기대할 수 있었다. 왜냐하면, 오늘 내가 달라지면 미래가 달라지기 때문이다.

나는 브라이언 트레이시를 좋아한다. 흙수저보다 못한 인생에서 지금은 세계의 많은 사람들이 브라이언 트레이시의 강연을 듣기 위해 기다리고 있다. 거의 10년 전에는 우리나라도 다녀갔다. 2시간 만에 8억이라는 엄청난 가치를 전했다. (풀 영상은 유튜브에 있다. '8억 강의'로 검색하면 쉽게 볼 수 있다. 이 영상의 조회 수가 먹방보다 낮은 걸 볼 때마다 늘 가슴이 아프다.)

그의 인생은 실패의 연속이었다. 일을 제대로 못 했는지 늘 잘리기만 했다. 누구나 할 수 있는 청소를 했지만, 그 역시 쉽지 않았던 듯 역시 잘렸다. 세차도 했지만 역시나 잘렸다. 그러다 자동차 세일즈를 하게 되었는데, 자동차를 거의 팔지 못해서 겨우겨우 하루를 버텼다고 한다. 그런 그가 어느 날 판매왕이 된다. 그 이유가 무엇이었을까? 바로 사람과 책이었다.

그는 자신의 회사에서 자동차를 가장 잘 파는 판매왕에게 가서 컨설팅을 요청했다. 놀랍게도 그때 효율적인 판매방식에 대해 배우게 된다. 그 이후 그의 실적은 올라가기 시작했다. 거기에서 그치지 않고 도서관에서 세일즈와 관련된 책을 읽고 또 신문 기사를 읽었다. 매출이 또다시 증가했다. 또 영업과 관련된 테이프를 듣고, 관련 강연에도 참석했다. 놀랍게도 매출이 또 올라갔다. 놀라운 일은 1년도 채 되지 않아서 판매왕이 되었고 모든 영업 사원들을 담당하게 되었다. 곧 해외 판매까지 총괄하게 된다. 심지어 브라이언 트레이시가 도움을 요청했던 판매왕이 어느새 부하가 되어 있었다. 그리고 현재는 동기부여가로 세계를 움직이고 있다.

브라이언 트레이시는 말한다.

"성공은 우연이 아니고, 실패도 우연이 아닙니다. '인과관계'를 알고 나서 제 인생은 완전히 바뀌었습니다. 저는 이 법칙을 알게 된 후 인생이 바뀌었습니다."

그 강연을 듣고 보니 내 인생은 현재 왜 이 모양인지 알 수 있었다. 나는 실패할 수밖에 없는 습관으로 살았기 때문이다. 그런데 그 습관을 독서 습관, 새벽 기상 습관 등 성공 습관으로 바꾸었을 때 나는 새로운 인생을 살 수 있었다. 왜냐하면, 성공은 우연이 아니기 때문이다. 성공은 내가 지금 어떤 행동을 하는지에 달려 있기 때문이다. 그리고 그것이 바로 인과관계의 법칙이기 때문이다.

'어제와 똑같이 살면서 다른 미래를 기대하는 것은 정신병 초기 증세이다.'

아인슈타인의 말이다.

5년 전 당신의 모습과 지금의 모습이 얼마나 다른가? 1년 전과 지금의 모습이 어떤가? 똑같다면 뭔가 변화가 필요하지 않을까? 그렇게 산다면 1년 후, 5년 후도 똑같지 않을까?

사람들은 지금과는 다른 미래를 꿈꾼다. 하지만 지금의 행동을 바꾸지는 않는다. 어제도 오늘도 내일도 그 삶이 똑같은 이유다.

그래서 나는 배우는 것을 좋아한다. 그리고 성공한 사람을 따라 하는 것을 좋아한다. 성공한 사람과 똑같이 성공할 수 없을지는 몰라도 어느 정도의 성공은 가능하다. 특히 시행착오 없이 성공할 수 있다는 것이 가장 큰 장점이다. 그래서 수많은 모임에 참여 중이다. 대략 독서 모임이 10개, 습관 관련 모임이 3개, 글쓰기 모임이 2개, 다 더해보니 약 스무 개가 넘었다.

그 모임 덕분에 한 달에 30권이 넘는 독서가 가능하다. 물론 책을 읽지 않고 할 수도 있겠지만 책과 함께했을 때 더 큰 의미가 있지 않을까?

최근에는 하일독(하루 1시간 독서습관)이라는 모임을 운영하고 있다. 이 모임을 운영하며 가장 크게 얻은 것은 좋은 책과 그리고 좋은 사람이다. 생각지도 못했던 책과 내용을 알게 되고 그 책을 읽으면서 큰 깨달음 얻고 또 단체 컨설팅을 하면서 또 배운다. 서로 배우고 가르치는 모임을 만들고 싶었는데 정확히 그런 모습이 되어가고 있다. '평생 함께하고 싶다.'라는 회원들의 말이 늘 힘이 난다.

오늘도 새로운 모임에 기웃거린다. 또 어떤 모임을 만들어볼까? 어떤 사람들을 만나볼까 고민한다. 무엇이든 배울 수만 있다면 떠난다. 그리고 그 배움이 나를 더 나은 사람으로 만든다. 사람들은 나의 삶이 한순간에 변한 줄 알고 있다. 하지만 그렇지 않다. 생각보다 많은 시간 아팠고 힘들었다. '연금술사'에서 산티아고가 늘 자신을 의심했던 것처럼 나도 늘 나를 의심했다.

'이게 맞는 건가?'

그 의심을 뒤로하고 앞으로 나아간다. 그리고 오늘도 새로운 모임에 가입했다.

"안녕하세요, 황준연이라고 합니다. 처음 뵙겠습니다."

– 6 –
연금술사를 만나다

거의 모든 사람이 원하는 대로 살 수 있다. 하지만 주위 사람들의 의견, 그리고 자기 생각이 그 꿈을 가로막는다. 사실 자기 자신이 가장 많이 그렇게 한다. 할 수 있음에도 불구하고 말이다. 그 벽을 무너뜨리는 최고의 방법이 그 꿈을 이룬 사람들을 만나는 것이다. 혹은 그 사람들의 책을 읽는 것이다. 그리고 그런 모임에 참여하는 것이다.

말했던 대로 2020년에도 수많은 모임과 함께 했다. 최근 민복기 작가의 '하이퍼포먼스 리딩'이라는 독서 모임에 참여했는데 올해 가장 잘했던 일 중에 하나로 꼽고 싶다. 선정한 책들이 하나하나 주옥같다. 특히 '딥워크'라는 책과 '연금술사'라는 책은 압권이다. 아마 이 모임이 아니었다면 평생 이 책들을 읽지 않았을 것이다. 그만큼 성장도 늦었을 것이다.

나는 자주 '딥워크'라는 단어와 '연금술'이라는 단어를 떠올린다.

삶에서 정말로 원하는 것을 얻고 싶다면 즉 연금술을 하고 싶다면 딥워크를 해야 한다. 즉 오랜 시간 동안 매달려야 한다. 수많은 학생이 공무원 시험을 위해 고시원에 들어가서 인간관계를 끊는 것처럼, 정말 이루고 싶은 일이 있다면 긴 시간이 필요하다는 점을 두 책을 통해서 깨달았다.

> 길고, 연속적이며, 방해받지 않는 시간을 많이 갖도록 일상을 조직하면 소설을 쓸 수 있다. 그렇지 않고 방해를 많이 받으면 무엇이 바뀔까? 길이 남을 소설 대신 다른 사람들에게 보낸 이메일 뭉치만 굴러다닐 것이다.
>
> – '딥워크'

많은 사람이 마치 게임처럼 빠른 결과를 원한다. 하지만 인생에서 소중한 것은 그렇게 이루어지는 것은 여간해서 없다. 시간이 필요하고 인내가 필요하다. 빠르게 얻을 수 있는 것은 누구나 할 수 있는 것이다. 즉 경쟁력이 없다.

오랜 시간이 필요한 것은 누구나 할 수 없다. 즉 경쟁력이 있는 것이다. 이 경쟁력을 얻고 싶지 않은가? 그렇다면 딥워크를 해야만 한다. 그 능력이 당신의 가치를 만든다. 하지만 분명히 쉽지는 않다. 그래서 딥워크를 '21세기의 초능력'이라고 부르는 게 아닐까?

누구나 가질 수 없는 능력, 하지만 가지기만 하면 남과는 다른 삶을 살 수 있는 무기가 되는 능력이 된다. 그리고 그 능력으로 대체 불가능한 전문가가 될 수 있다.

당신은 어떤 사람이 되고 싶은가? 언제라도 대체 가능한 사람이 되고 싶은가? 혹은 대체 불가능한 전문가가 되고 싶은가?

많은 사람이 바쁘다고 한다. 누구나 노력하고, 누구나 정말 열심히 산다. 스프링벅(소과의 영양)도 바쁘다. 어떤 동물보다 열심히 달린다. 하지만 방향이 잘못되었기에 가끔 절벽 아래로 떨어져 떼죽음을 당한다. 방향이 잘못되었기 때문이다. 이는 사람들에게도 마찬가지라고 생각한다. 아무리 빠르게 달리더라도 방향이 잘못되었다면 어떻게 될까? 어느 순간 허무해지고, 어느 순간 절망감을 만날 것이다. 열심히 살았는데, 아무것도 남는 게 없는 삶이라는 생각이 든다면, 어느 사람이라도 화가 나지 않을까?

뭔가 가치 있는 것을 남기고 싶지 않은가? 길이 남을 무엇인가 남기고 싶지 않은가? 하지만 누구나 그런 삶을 살 수 있는 것은 아니다. 그런 삶을 살고 싶다면 습관을 뜯어고쳐야 한다. 습관을 바꾸면서 평범했던, 거의 망했던 한 직장인이 작가가 된 것처럼, 삶을 바꾸고 싶다면 조금 더 가치 있게 살고 싶다면 오늘 새로운 생각을 또 습관을 받아들여야 한다.

최근 다시 대학생이 되었다. 다시는 학교에 갈 일이 없다고 생각했는데, 코칭이라는 것을 배우면서 전문적으로 코칭에 대해 알고 싶어졌기 때문이다. 그 계기도 한 사람의 조언이었다.

"황 작가님, 코칭 한번 배워볼래요?"

가볍게 코칭에 대해 생각하고, 수업 영상을 보는데 내가 하고 싶은 일이라는 생각이 들었다. 그러고 보면 20대 초반에 나는 라이프 코칭이라는 것을 하고 싶었다. 질문과 경청을 통해서 한 사람의 삶을 바꿀 수 있다는 점이 매력적이었다. 하지만 배울 수 있는 곳이 없었다. 우리나라에는 생소한 개념이었기 때문이었다. 하지만 지금은 배울 수 있는 길이 열렸다. 책 쓰기를 통해서 다른 사람의 삶을 더 나아지게 만들 수도 있지만, 코칭을 통해서도 가능하다는 생각이 들자 고민하지 않고 대학교에 등록했다. 그리고 코치 자격증을 취득하여 국제코치연합과 한국평생교육원에서 책 쓰기 코치로 활동 중이다.

'연금술사'에서 산티아고는 보물을 찾기 위해 여행을 떠난다. 그리고 단 2시간이면 갈 수 있는 거리에 가기까지 1년이 걸렸다고 한다. 코칭을 통해서 만나는 사람들에게 제대로 된 길을 스스로 발견할 수 있도록 해주고 시간을 줄여준다면 얼마나 좋을까? 또 얼마나 많은 사람이 행복해질까? 또 얼마나 많은 사람이 자신의 꿈을 찾고, 그 꿈대로 살아갈까?

7

성공은 반드시 흔적을 남긴다

눈 내린 들판을 걸어갈 제

발걸음을 함부로 어지러이 걷지 마라.

오늘 내가 걸어갈 발자국은

반드시 뒷사람의 이정표가 되리니

– 서산대사의 '선시'

앞서 말했듯 성공은 흔적을 남긴다. 그리고 그 흔적을 따라가면 분명히 어느 정도 성공을 하게 된다. 컨설팅을 통해 또 브라이언 트레이시를 통해 그리고 여러 책을 통해 그 사실을 깨달았다. 그 이후 수많은 작가와 강사의 강연을 들었다. 제주도는 물론 육지까지 찾아다녔다. 그때마다 나는 점점 더 나아졌다. 책과 강연을 통해 좋은 습관을 배웠다. 그리고 성공의 흔적을 배웠다. 나는 그 흔적을 묵묵히 따라가기만 했다. 그럴수록 나는 점점 더 내가 원하는 모습으로 변화하고 있었다.

꿈을 향해 달려가던 중 정말 많은 사람을 만났다. 그중에서 기억에 남는 사람은 김민식 작가다. 제주도에서 시작된 인연이 지금까지 이어지는 것이 참 신기하다.

제주도에 있는 한라도서관에 갔다가 우연히 저자 특강 소식을 듣게 되었다. 김민식 작가의 강연이었다. 영어 공부를 하다가 우연히 '영어책 한 권 외워봤니?'라는 책을 읽게 되었다. 읽었던 책이기도 했고, 마침 그 다음 날이었기에 큰 부담 없이 신청했다. 그런데 강연 당일은 제주도에 큰 태풍이 온 날이었다. 당연히 모든 비행기는 결항상태였다. 처음으로 참여한 저자 특강이었는데 아쉬운 마음이 커졌다. 이대로 저자 특강이 취소되려나 싶었는데, 김민식 작가는 재미있게도 그 전날 내려왔단다. 먼저 와서 제주도를 여행했다고 한다. 덕분에 저자 특강은 계획대로 진행됐다.

해맑은 아이처럼 웃는 모습을 보며 아무 걱정 없이 살았을 거로 생각했다. 그런데 가정에서나 또 직장에서나 절대로 적지 않은 아픔을 지니고 살아간 이야기를 들으며 만감이 교차했다.

MBC 파업 때문에 휴직을 받았고, 그 기간에 여행을 다니고 또 책을 썼다는 것이 참 신기했다. '역시 인생은 알 수 없는 것 같다.'라는 생각이 들었다. 또 어떤 상황이든 내가 어떻게 하는지에 따라서, 내가 어떤 관점을 가졌는지에 따라서 달라질 수 있다는 것을 배웠다.

그때만 해도 나는 작가가 아니었다. '내가 감히 작가가 될 수 있을까?'를 고민하던, 아직 초고를 퇴고하고 있던 예비 작가였다. 그런데 김민식 작가의 강연을 보고 나니 강연을 잘하고 싶었다. 그래서 질문했다.

"작가님처럼 강연을 잘하고 싶습니다. 어떻게 하면 이런 기회를 찾을 수 있고 또 잘할 수 있을까요?"

"좋은 질문입니다. (김민식 작가의 단골 멘트다.) 일단 강연을 하고 싶다고 주위에 말하세요. 그리고 이게 중요합니다. 절대 잘한다고 말하지 마세요. 그냥 하고 싶다고 말하세요. 그럼 기회가 올 겁니다."

나의 가장 큰 장점은 말을 잘 듣는다는 것이다. 그래서 정말 그렇게 했다. 그리고 놀랍게도 강연을 하게 됐다. 그 기회는 퍼지고 퍼져서 육지 교육기관과 대형 교회에서까지 강연하게 되었고, 또 김민식 작가가 강연하던 한라도서관에서도 하게 되었다. 그 답변 덕분에 지금도 매주 1~2회 이상 강연할 수 있는 용기가 생겼다. 아마 그때의 만남이 아니었다면 나는 아직도 주저하고 있지 않을까?

그 이후에도 자주 김민식 작가와 교류했다. 교보문고에서 주관하는 '보라쇼'와 작가님과 식사할 수 있는 '보라런치' 등 가까운 거리에서 대화할 수 있는 기회도 얻었고, 그때마다 내 삶은 더 나은 방향으로 나아갔다. (한라도서관 고주희 선생님 덕분에 이 강연을 알게 되고 또 이후에도 많은 강연에 참여할 수 있었습니다. 정말 감사합니다.)

꿈꾸던 삶을 살고 싶은가? 그렇다면 지금 그 꿈을 살아가는 사람을 만나야 한다. SNS의 발달 덕분에 사실 만나지 못할 사람은 거의 없다. 사람들은 바쁜 작가에게 연락하는 것을 꺼린다. 그리고 답이 오지 않을까 두려워한다. 하지만 거의 그렇지 않다. 작가도 소통을 원한다. 또 누군가 자신의 책을 읽고 또 자신의 강의를 듣고, '묻고 싶은 게 있습니다.' 혹은 '꼭 만나고 싶습니다.'라고 말하는 사람에게 마음이 간다. 머리로 생각하지 말고 가슴이 시키는 대로 우선 연락하면 된다. 연락하지 않으면 확률은 0%지만 연락하면 확률은 50%다.

오늘도 수많은 작가의 강연을 듣는다. 그리고 책을 읽는다. 블로그에 서평을 쓰고 유튜브에도 올려본다. 궁금한 것은 따로 연락해서 보내본다. 100%는 아니지만 거의 연락이 온다. 이런 만남이 쌓이고 쌓이면 꿈꾸던 모습으로 변화할 수 있지 않을까?

8

인생을 바꾸는 3가지 방법

평소와 다름없이 회사에서 근무하고 있을 때였다. 갑자기 낯선 번호의 연락을 받았다. 평소에는 잘 받지 않지만, 업무와 관련된 전화인가 싶어서 받게 되었는데, 첫 마디에 어색함을 느꼈다.

"황준연 작가님이시죠?"

그때는 아직 책이 나오기 전이었다. 그런데 작가라니! 생애 처음 작가라는 말을 들었다. '전화를 잘못 걸었나?'라며 고민하던 기억이 난다. 대화는 이어졌다.

"제가 제주도에 내려가는데 잠시라도 뵙고 싶습니다."

그렇게 나는 김주연 관장 아니 김주연 작가를 처음 만나게 되었다. 그때 나는 블로그에 원고의 일부를 올리기 시작했다. 그 글을 보고 '작가님'이라 불러준 것이었다. 어색하기도 했지만 그래도 누군가가 나를 찾아온다는 사실이 기뻤다.

"저는 작가님의 나이 때 독서를 해야겠다는 생각도 못 했고, 또 책을 쓴다는 생각도 못 해봤습니다. 그런데 벌써 책을 쓰고 계신다니 정말 대단하십니다."

그 대화를 시작으로 지금도 꾸준히 김주연 작가를 만나고 있다. '작가가 된다는 것이, 메신저가 된다는 것이 이런 것일까? 이렇게 행복한 삶인가?'라는 생각이 들었다. 누군가가 나를 찾아오고, 대화하고 싶어 하고, 만난다는 사실 하나만으로도 행복해하는 그 모습이 참 행복했다. '이렇게 늘 행복을 주는 작가가 되고 싶다.'라는 생각이 들었다. 이렇게 나의 인생을 바꾸고 싶었다.

시간을 달리 쓰는 것
사는 곳을 바꾸는 것
새로운 사람을 사귀는 것

– 오마에 겐이치

인간을 바꾸는 3가지 방법이라고 한다. 최근 이 사업가는 다음과 같은 수정 버전을 발표했다고 한다.

새로운 사람을 사귀는 것

새로운 사람을 사귀는 것

새로운 사람을 사귀는 것

그만큼 만나는 사람이 누구인지에 따라서 사람의 삶은 변한다. 사실 만나는 사람만 바꾸어도 내가 보내는 시간과 또 자주 가는 장소 즉 사는 곳이 바뀌게 된다. 그만큼 사람이 중요하다.

내가 멘토들을 만나면서 인생이 변했던 것처럼, 나도 만나는 사람들을 더 나은 방향으로 변화시키고 싶다. 그 생각만 해도 오늘 독서와 책 쓰기 또 강의를 멈출 수 없다.

"매일 아침 강연 연습을 합니다. 내가 언젠가는 몇천 명 앞에서 또 언젠가는 유재석과 같은 유명한 사람을 코칭한다고 생각하니 하루라도 쉴 수가 없습니다."

민복기 작가의 말이다. 그 말을 듣고 나도 아찔했던 기억이 난다.

나는 평생 책 쓰기와 독서법을 가르치는 작가가 되고 싶다. 그런데 어느새 비슷한 일상에 빠져서 매너리즘에 빠져있었다. 그런데 민복기 작가의 이야기에 정신이 번쩍 들었다. 평생 이 일을 하다 보면 즉 이 분야의 전문가가 되면 나 역시 그런 일이 생기지 않을까? 성공한 사람이 나에게 도움을 요청하지 않을까? 그 생각만 하면 정신이

들고 또 힘이 생긴다. 오늘 하루하루를 열심히 살아야겠다는 다짐이
생긴다.

기적은 준비가 된 사람만이 잡을 수 있다. 준비가 기회를 만나면
기적이 된다. 그 기적을 위해 오늘 준비해야 한다. 오늘도 책을 읽
고, 꾸준히 책을 쓰는 이유다.

꾸준히 블로그에 글을 쓰던 김주연 관장은 최근에 작가가 되었다.
바쁜 와중에 썼던 그 글들이 모여서 또 그 시간이 모여서 작가라는
새로운 이름을 선물했다. '공저' 과정과 '나도 작가다' 과정 등 다양한
프로그램을 통해 책 쓰기를 알려주고 있다. 그중에는 정말 대단한
분들이 많다. 그분들의 책이 세상에 나와서 더 많은 사람이 도움이
얻으면 얼마나 좋을까?

나를 만나는 사람이 더 많이 작가가 되었으면 좋겠다. 아니 어제
보다 더 나은 사람이 되었으면 좋겠다. 어제보다 더 행복한 사람이
되었으면 좋겠다. 그래서 오늘도 다양한 사람들을 만나고 있다.

No.

10×20

제 4 장

인생이 바뀌는 책 쓰기

- 1 -
연금술사가 되어야 한다

자신의 생에서 성공한 사람들, 자신의 길에 존재를 건 사람들이 왜 연금술사를 추천하는지를 알겠다.

'연금술사'라는 책의 추천사 중 일부다. 그 내용도 참 멋지지 않을까? 그 내용이 참 기대되지 않는가? 하지만 '연금술사'에 대한 나의 첫인상은 그렇지 않았다.

10년 전 '연금술사'라는 책을 읽었다. '이렇게 재미없는 책은 처음 읽어봤다.'라고 생각했던 기억이 난다. 당연히 내용은 완전히 잊어버리고 살았다. 하지만 최근 3일 내내 '연금술사'를 읽었다. 다른 책은 눈에 들어오지 않았다. 몇 시간이면 다 읽을 수 있지만 그러지 못했다. 천천히, 모든 문장을 음미하며 읽었다. 아까웠기 때문이다. 너무 아쉬웠기 때문이다.

"사람은 책을 만들고, 책은 사람을 만든다."라는 문장이 있다. 내가 참 좋아하는 문장이다. 왜냐하면, 책을 읽고 인생이 바뀐 사람을 너무 많이 만났고 무엇보다 내가 그랬기 때문이다. 그런데 언젠가 또 다음과 같은 문장을 읽었다.

책이 사람을 바꾸는 게 아니고 책을 읽는 태도가 사람을 바꾼다.
   - '10권을 읽고 1,000권의 효과를 얻는 책 읽기 기술'

즉 책보다 중요한 것은 책을 읽는 사람의 태도라는 말이다. 처음에는 이 말을 이해하지 못했다. 하지만 이번에 '연금술사'를 다시 읽으며 뼈저리게 그 사실을 깨달았다.

10년 전의 '연금술사'는 나에게 어떠한 재미도 또 의미도 주지 못했다. 그래서 책 읽기 전과 읽은 후의 변화가 없었다. 하지만 최근의 나는 이 책을 '인생 책'이라고 말하고 싶을 정도로 공감하며 또 감동했다. 책 읽기 전과 읽은 후가 완전히 바뀐 것이다. 심지어 회사의 비전마저 바뀔 지경이다.

원래 제주도책쓰기연구소의 비전은 아래와 같았다.

"책 쓰기를 통해 사람들이 더 탁월하고, 행복한 삶을 살도록 돕는다."

하지만 이제는 다음과 같이 바꾸고 싶다

"평범한 직장인이 책 쓰기라는 연금술을 통해 자신을 찾도록 또 보물을 찾도록 돕는다."

쉽게 말하면 내가 만나는 모든 사람을 연금술사로 만들고 싶다는 가슴 뛰는 비전이 생겼다.

많은 사람이 다음과 같이 홀로 속삭인다.

"너무 늦지 않았을까?, 내가 그 꿈을 이룰 자격이 있을까? 아니 이룰 수나 있을까?"

그렇게 많은 사람이 평범한 삶을 선택한다. 익숙한 삶을 선택한다. 그리고 행복을 느끼지 못한다. 무미건조하게 하루를 산다. 아니 수동적으로 살아간다.

'연금술사'를 보면 정말 많은 부분이 지금의 회사원을 떠올리게 한다.

"양들은 스스로 어떤 결정을 내려야 할 일이 전혀 없다. 양들은 새로운 길에 관심이 없다. 자기 자신의 인생을 어떻게 살아가야 하는지 알고 있는 사람은 아무도 없다."

– '연금술사'

문제는 자신이 그러한 삶을 선택했음에도 늘 후회한다. 뒤를 돌아본다. 행복을 느끼지 못한다.

"그런 소리 하지 마라. 내가 이래 봬도 평생 사건 처리 1등 한번 안
놓친 놈이야. 잘난 녀석들? 다 제쳤어. 정말 열심히 살았다. 열심
히…… 열심히……."

'미스 함무라비'에서 성공만을 달려온 성공충이 내뱉는 말이다. 하
지만 그의 얼굴은 전혀 행복해 보이지 않았다. 오히려 후회하는 듯했
다. 마치 지금의 삶은 자신이 원하는 삶이 아닌 듯했다. 열심히 살았
지만 왜 그럴까? 왜 그렇게 후회하고 있었을까? 그저 아무 이유 없이
성공 가도만을 달렸기 때문이 아닐까? 어떠한 고민도 없이 달리기만
했기 때문이 아닐까? 오히려 고민의 시간이 필요하지 않을까?

"몽상가가 또 왔군."

산티아고가 새로운 곳으로 떠나려고 마음을 먹고 배표를 사러 왔
을 때 매표소 직원들은 웃으며 말한다.
그런 사람들을 얼마나 많이 봤을까? 꿈을 바로 앞에 두고 포기하
는 사람을 얼마나 많이 봤을까? 그래서 매표소 직원들은 익숙한 듯
말한다.

"몽상가가 또 왔군."

몽상가의 뜻은 다음과 같다.

"실현성이 없는 헛된 생각을 즐겨 하는 사람"

사실 꽤 오랫동안 '몽상가'라는 단어를 좋아했다. 말했듯이 20대의 내 삶은 망했다. 그런데도, 그때에도 나는 밝은 미래를 꿈꾸었다. 번역가가 되어 멋진 작품을 번역하는 것을 꿈꾸었고, 작가가 되어 멋진 책을 쓰는 것을 꿈꾸었다. 하지만 내 주위 사람들은 그런 나에게 '몽상가'라는 별명을 붙여주면서 안타까운 시선만 보냈다. 주위 사람들은 그것이 왜 안 되는지, 왜 어려운지 설명하기에 바빴고, 나는 되는 방법에 대해서 늘 고민했다. 하지만 결국에는 나도 주위 사람들의 시선과 의견을 받아들일 수밖에 없었다. 그때 한 발자국만 더 나아갔다면 어땠을까?

한 발자국만 더 가면 여러분은 연금술사가 될 수 있다. 몽상가에서 그치는 것이 아니라 실제로 연금술사가 될 수 있다. '그때 행복할 수 있다.'라고 책은 말한다.

나도 삶의 모든 순간 연금술사가 되고 싶다. 그리고 그 방법을 알려주고 싶다. 이 책으로, 나의 강연으로.

오늘도 나는 연금술을 연구한다.

─ 2 ─
지금이 바로 그 순간이다

통나무 위에 개구리 다섯 마리가 앉아 있었어.

그중 네 마리가 뛰어내리려고 마음먹었어.

그러면 남은 개구리는 몇 마리일까?

— '사람은 무엇으로 성장하는가'

여러분의 답은 무엇인가? 1 마리? 안타깝지만 답은 5마리다. 그렇게 말하면 많은 사람들이 의심스러운 눈초리와 함께 말한다.

"말도 안 돼요. 어떻게 5마리예요?"

"왜냐하면, 마음먹는 것과 행동하는 것은 다르기 때문입니다."

이 대답을 들으면 깨달음과 정적의 순간이 온다. 그리고 이 책은 다음과 같이 덧붙인다.

"모든 사람이 마음먹은 대로 실천했다면 세상에는 상상을 초월하는 업적들이 남았을 것이다."

여러분들 주위에는 그렇게 말하는 사람들이 많지 않은가?

"아…… 나도 저 생각했었는데…….''

또 여러분도 자주 그렇게 말하지 않는가? 그렇게 후회하지 않는가?

사실 성공하기는 참 쉽다. 말했던 대로 성공은 인과관계의 법칙을 벗어나지 않기 때문이다. 즉 원인을 보면 결과를 알 수 있다. 어떤 행동을 하면 대개 어떤 결과가 생긴다.

사실 해야 할 일들을 그대로 실천할 수만 있다면 누구나 성공한다.

– '비상식적 성공법칙'

그렇다. 성공하는 방법은 그리 어렵지 않다. 문제는 실행하는 것이 또 지속하는 것이 쉽지 않다는 것이다. 어떻게 해야 좀 더 쉽게 성공을 향해 갈 수 있을까? 내가 원하는 삶을 향해 갈 수 있을까?

1주일째 하루에 4시간씩 책을 쓰고 있다. 하루에 A4 8장씩 쓰고 있다. 어느 정도의 시간이 지나면 내가 원하는 분량의 책이 나올 것이다. 그리고 곧 투고할 것이다. 2021년 봄에는 책이 나올 것이다. 그렇게 세 번째 책을 쓴 작가가 될 것이다. 그리고 어느 순간 4번째 책을 쓰고 싶을 때 동일한 과정으로 책을 쓸 것이다. 더 시간이 많다면 3일 안에 모든 원고를 써 보고 싶다. 중요한 것은 글을 꾸준히 쓴다면 책이 완성된다는 것이다.

사람들은 결과만 보고 환호하지만 사실 그 과정은 쉽지 않다. 책을 쓰는 과정은 만만치 않다. 비단 책 쓰기뿐일까? 세상 모든 일이 그렇다. 쉬운 일은 여간해서 없다. 가치 있는 모든 일을 이루기 위해서는 인내와 시간 그리고 대가가 필요하다. 그렇게 어떤 사람은 꿈을 이루고 어떤 사람은 꿈만 꾸며 살아간다. 당신은 어떤 사람이 되고 싶은가?

여러분이 올해 하고자 했던 일은 무엇인가? 혹시 '올해는 제대로 살아봐야지.'라며 생각하는가? 하지만 잘 알지 않는가? 어느 순간 후회에 가득 차 내년을 기다릴지도 모른다는 것을······.

다시 한번 말하고 싶다. 사실 성공하기는 참 쉽다. 마음먹은 대로 실천할 수만 있다면 말이다.

그렇다. 마음먹은 대로만 실천한다면 성공할 수 있다. 어제와 다른 삶을 살 수 있다. 어제보다 더 나은 삶을 살 수 있다. 하지만 많은 사람이 행동하지 않는다. 그 과정이 지겹기 때문이다. 그 과정을 건

너뛰고 싶기 때문이다.

그렇게 이룰 수 있는 성공이라면 누구나 쉽게 할 수 있는 성공이라면 큰 의미가 있을까? 그것을 성공이라고 부를 수 있을까?

사실 세 번째 책을 쓰기 전 여덟 달을 고민했다. 2020년 초부터 책을 쓰고자 했지만 미루고 미루다 시작했다. 그리고 이제 그 끝이 보인다. 아마 다음 책을 쓸 때도 그럴 것 같다.

오늘도 4시간을 어떻게든 지킨다. 그 결과는 여러분이 보는 대로 이렇게 책이 되었다.

그러니 하고 싶은 일이 있다면 지금 행동해야 한다. 지금이 아니면 언제 하겠는가? 다음은 없다. 그런 경우를 수도 없이 봤다.

'언젠가'라는 말은 하지 마라. 그 '언젠가'는 절대 오지 않는다.

— 작자 미상

책 쓰기를 하면서 또 책 쓰기를 가르치면서 정말 많이 들은 말이 있다. 바로 '언젠가 하겠다.'라는 말이다. 하지만 '언젠가 하겠다.'라고 말한 사람들은 어느새 연락이 끊겼다. '나중에'라고 말한 사람도 어느새 연락이 끊겼다.

지금 하지 않으면 할 수가 없는 것 중의 하나가 바로 책 쓰기다. 마음먹기도 힘들지만, 지속하기는 더욱 힘들기 때문이다. 언젠가 하겠다는 말은 곧 하지 않겠다는 의미이다. 왜냐하면, 자신이 생각하는 완벽한 때는 오지 않기 때문이다.

"작가님, 제가 이 일만 마무리 되면 정말 책 쓰겠습니다."
"작가님, 제가 이제 곧 일을 그만둡니다. 그 이후에 정말 쓰겠습니다."

몇 달째 같은 말을 하는 분들이 있다. 아마 다음에 전화할 때도 같은 말을 하지 않을까 벌써 걱정이 된다.

'내일은 내일의 태양이 뜰 거야.'라는 명대사가 있다. 많은 예비 작가가 '다음에, 내일부터는, 이 일만 마무리만 되면…….'라고 하면서 오늘을 흘려보낸다. 하지만 지금 여러분의 존재는 그동안, 어제까지 했던 내 생각과 행동의 결과다.
지금 바뀌지 않는다면 내일도 바뀌지 않는다. 그러나 오늘을 바꾸면 내일은 바뀐다. 모든 것이 바뀐다. 오늘 아니면 언제 하겠는가? 지금 아니면 언제 하겠는가?

- 3 -
생각만으로는 절대
꿈을 이룰 수 없다

얼마 전 회사를 세웠다. '세웠다.'라고 말하기 거창하지만, 제주도에 나만의 회사를 만들었다. 바로 '제주도책쓰기연구소'다. 그 마음을 먹는 것도 한참 걸린 듯했다. '내 주제에 회사라니' 그런 생각을 했던 것 같다.

사실 개인사업자 내는 것은 어렵지 않다. 인터넷으로 찾아보고 그대로 해보니 15분도 채 안 걸렸던 것 같다. 심지어 돈도 들지 않는다. 또 책 쓰기 코칭과 외부강의로 돈을 벌 텐데 정직하게 세금을 내고 싶었다. 재미있게도 회사 창립일이 내 생일과 같다. 8월 26일. 잊지 못할 회사 창립일이 될 듯하다.

지금은 집에서 활동하지만 언젠간 번듯한 사무실을 내고 싶다. 그곳에서 강의도 하고, 많은 모임을 하고 싶다. 사람들이 없을 때는 독서를 하고 또 책을 쓰고, 사람들이 있을 때는 즐거운 대화의 시간과 치열하게 미래를 고민하는 시간을 갖고 싶다.

회사가 잘 되어서 제주도에 꿈 있는 청년들에게 일자리를 주고, 독서라는 무기를 알려주고 또 책 쓰기라는 가공할만한 스펙을 알려주고 싶다. 누구보다 N포 세대에 가까웠던 나의 삶을 그들에게 보여주고, 지금의 모습도 보여주고 싶다. 그리고 희망이라는 두 글자를 선명하게 보여주고 싶다.

많은 청년이 N포 세대라고 말하며 많은 것을 포기하고 살아간다. 또 많은 청년이 과거에 내가 그랬던 것처럼 게임에 빠져있다고 한다. 나는 지금도 게임을 좋아한다. 가끔은 지인과 새벽까지 게임을 즐기기도 한다. 어느 날은 아침 해를 보면서 잠들기도 한다. 하지만 거의 할 시간이 없다. 미래를 향해 달려가기에도, 그 꿈을 이루기에도 오늘 하루는 너무 짧기 때문이다. 그래서 20대에 게임을 했던 그 순간을 가장 후회한다. 그때 내 주위에 책이 있었다면, 나에게 길을 제시해주는 사람이 있었다면 나는 더 빨리 꿈을 이루지 않았을까?

가까운 곳에서 청년을 만나며 실제적인 조언을 전하고 싶다. 사업이 잘된다면 하루 정도는 뚝 떼어내서 멘토링하는 시간으로, 재능 기부하는 시간으로 가득 채우고 싶다. 그렇게 한 명씩 두 명씩 간절히 꿈꾸던 모습으로 살아간다면 얼마나 좋을까? 또 주위에서도 그 모습을 보고 새로운 도전을 받지 않을까?

나를 만나는 모든 사람이 개인사업자가 되었으면 한다. 그래서 자신에게 도움이 되고 또 타인에게 도움이 되고 또 무엇보다 사회에 도움이 되는 사람이 되었으면 좋겠다. 그러기 위해서 내가 먼저 개인사업가가 되어보고 그 길을 먼저 가 보고 있다. 먼저 시행착오를 겪고 그 지혜를 나눠주면 더 빨리 그리고 더 확실하게 자리를 잡지 않을까?

최근 '5년 후 나는 어디에 있을 것인가'를 읽으면서 정말 많은 생각을 했다. 안정적인 회사의 사장직을 내려놓으면서도 재능기부 일을 시작한 이용덕 대표.

심지어 운영비용을 벌지 못하자 사비까지 털어서 운영한다고 한다. 사람들은 왜 그렇게까지 하냐고 묻는다. 하지만 이용덕 대표는 재능기부를 쉬지 않고 있다.

내가 어렴풋이 구상했던 비전을 이미 실천하고 있는 회사가 있다는 것이 또 이용덕 대표가 정말 순수한 마음으로 그렇게 하는 것이 느껴져서 많은 감동을 받았다. 그전에 수많은 학생과 직장인을 멘토링했다는 이야기를 들으면서 나도 매주 월요일 밤 무료특강을 진행하고 있다.

'무료라서 죄송하다.'라는 말이 늘 들리지만, 돈을 벌려고 하는 일이 아니기에 앞으로 평생 무료로 할 예정이다. 그리고 이 무료특강으로 누군가 책을 읽고 또 책을 쓴다면 그래서 그 사람의 미래가 바뀐다면 또 다른 누군가에게 알려준다면 나는 충분하다.

'5년 후 여러분은 어디에 있을 것인가?'

이 생각만으로도 사람이 바뀔 수 있다는 것을 아는가? 많은 사람이 이 생각을 하지 못해서 1년 후에도 또 5년 후에도 비슷한 사람을 만나고 비슷한 경제 수준으로 즉 5년 전과 똑같이 살아간다.

1년 후, 하고 싶은 것이 있는가? 그럼 6개월 후에는 어떻게 해야할까? 3개월 후에는 어떻게 해야 할까? 또 한 달 후에는 어떻게 해야할까? 내일 어떻게 해야 할까? 이것이 바로 성장의 비결이 아닐까?

나는 현재 아름다운 제주도 즉 제주섬에 살고 있다. 집에서도 바다가 보이고 한라산이 보인다. 5~10분만 운전해도 아름다운 관광지로 갈 수 있다. 또 내가 자주 갔던 섬이 있다. 그곳도 참 아름다운 곳이다. 어디인지 궁금하지 않은가?

놀랍게도 여러분도 아마 이곳에 자주 와봤을 것이다. 어쩌면 지금 있을지도 모른다. 바로 '언젠가 섬'이라는 곳이다.

사람들은 모두 이루고 싶은 목표나 꿈이 있다. 문제는 지금이 아니라 언젠가 그 꿈을 이루겠다고 생각하는 것이다. 하지만 생각만으로는 절대 그 꿈을 이룰 수 없다. 행동하지 않으면서 그 꿈을 이룰수 있을까?

여러분은 어떤가? 지금 어디에 있는가? 혹시 여러분도 '언젠가 섬'에 있는가? 언제까지 그곳에 있을 것인가? 한숨과 후회를 하며 계속 그곳에 있을 것인가?

내 목표가 흐릿해지고 지칠 때면 브라이언 트레이시의 책과 영상을 본다. 그리고 다시 힘을 내고 새로운 출발을 할 수 있다. 그 영상을 보면서 내가 과거에 자주 '언젠가 섬'에 갔다는 것을 깨달았다. 아예 살았던 것 같다. 하지만 이제는 그 섬에 자주 가지 않는다. '언젠가'라는 생각이 들면 거의 바로 실행하기 때문이다.

조만간 나는 또 다른 이름의 개인사업자를 낼 것이다. 학생들과 청년들을 멘토링 하고 또 나의 출판사에서 책을 내고 싶다는 소망이 생겼기 때문이다. 사람들은 '미쳤다.'라고 한다. 책을 쓴다고 했을 때도, 회사를 그만둔다고 했을 때도, 많은 사람이 그렇게 말했다.
예전에는 그 말이 싫었지만, 이제는 그렇게 나쁘지 않다. 그 말이 맞기 때문이다. 나는 꿈에 미쳤다. 하루하루 어떤 일이 벌어질지 너무 기대된다. 꿈에 미친 사람들이 점점 늘어났으면 좋겠다. 많은 사람이 '언젠가'가 아니라 '지금' 꿈을 이루었으면 좋겠다.

5년 후에 어떤 목표를 이루고 싶다면, 3년 후에 어떤 목표를 이루고 싶다면, 지금부터 행동해야 한다. 구체적인 비전과 계획을 세워야 한다. 그 순간 여러분은 상위 3%의 사람이 된다. 그리고 여러분의 5년 후는 달라진다. 아니 당장 1년 후부터도 달라진다.

5년 후 여러분은 어디에 있을 것인가? 지금 어떤 계획을 세우는지에 달려 있다. 그리고 지금 그 계획을 세웠으면 한다.

-4-
모든 인생은 특별하다

"선생님의 경험을 사고 싶습니다."

예비 작가들을 만날 때마다 내가 자주 하는 말이다. 그동안 책 쓰기 특강을 통해 1,000여 명의 예비 작가를 만났다.

세 사람이 지나가면 그중에 한 명이 스승이 있다고 한다. 하지만 나는 세상 모든 사람에게 배울 것이 있다고 확신한다. 비슷비슷한 삶을 살아간다고 하지만 그 안의 이야기는 전혀 다를 수 있다. 가끔은 지나가듯 들은 이야기에 머리에 망치를 맞은 듯 멍하기도 하다. 그 지혜와 지식을 팔면 어떻게 될까? 이 이야기를 10년 전에 한 사람이 있다. 바로 '백만장자 메신저'의 브랜든 버처드다.

누구나 자신의 경험과 지식으로 메신저로 살아갈 수 있다고 브랜든 버처드는 말한다. 실제로 브랜든 버처드 자신이 실제로 그렇게 메신저가 된 이야기도 참 흥미롭다.

> 처음의 시작은 정말 우연이었다. 브랜든 버처드의 여동생이 연애 상담을 원했던 것이다. 하지만 그 분야에 대해 아는 것이 없었던 브랜든 버처드는 해줄 말이 없었다. 그럼에도 여동생을 돕고 싶었던 브랜든 버처드는 서점으로 달려가 열 권이 넘는 책을 사고 연구하기 시작했다. 그리고 한바탕 잔소리를 했다고 한다. 그 이후에도 인간관계에 어려움을 겪고 있는 사람들에게 '인간관계 메신저'로 알려지고, 어느 날은 돈을 받고 강연까지 하기에 이른다.
>
> ─ '평생직장은 없어도 평생 직업은 있다', 황준연

그 분야에 대해 아는 것이 없었던 브랜든 버처드도 독서를 통해 그 분야의 어느 정도 전문가가 되었고 실제로 강연까지 하게 된다. 그 과정이 나와 비슷해서 참 놀랐던 기억이 난다.

사실 나는 독서법 전문가가 아니었다. 하지만 하루 1시간 독서를 하기 시작했을 때 주위 사람들은 묻기 시작했다.

"왜 책을 읽으세요?"
"어떻게 책을 읽으세요?"
"어떤 책을 읽으세요?"

성심성의껏 답을 하기 시작했다. 어느 날은 그 질문들에 답하며

책을 쓰기 시작했다. 그렇게 '하루 1시간 독서 습관'은 세상에 나오게 되었다. 그 책을 계기로 독서법 코칭과 강의를 하게 되었다. 그러기를 몇 개월. 사람들의 질문은 아래와 같이 변했다.

"왜 책을 쓰셨어요?"
"어떻게 책을 써요?"
"어떤 책을 써야 해요?"

'책 쓰기 전문가도 아닌 나에게 왜 그런 것을 묻지?'라는 생각이 들었다. 하지만 이전과 마찬가지로 성심성의껏 답을 하기 시작했다. 그리고 다음의 사실을 깨닫게 되었다.

'내가 한 권의 책을 썼던 경험이 남에게 큰 동기부여가 되고, 또 큰 힘이 되는구나. 이게 바로 메신저가 된다는 것이구나. 이번에도 청중들의 질문들을 모아서 한 권의 책을 써 보면 어떨까?'

하지만 말했듯이 나는 책 쓰기 전문가가 아니었다. 단지 몇 개월 전에 한 권의 책을 쓴 초보 작가였다. 그런데도 나의 이런 경험조차 남에게는 도움이 되었다. 그렇게 나의 두 번째 책 '평생직장은 없어도 평생 직업은 있다'가 세상에 나오게 되었다.

책을 쓰고 싶은 분들에게 늘 다음과 같이 묻는다.

"혹시 주위에서 예비 작가님에게 자주 묻는 것이 무엇인가요?"

이렇게 남들이 나에게 묻는 것이 포인트다. 많이 자주 물을수록 여러분은 그 분야의 메신저가 될 확률이 높다. 그 분야의 전문가라는 뜻이기 때문이다. 심지어 그 분야의 지식이 없더라도 나와 브랜든 버처드의 예를 보면 알 것이다.

학습을 통해서, 공부를 통해서 충분히 그 분야의 전문가가 될 수 있다.

독서법 전문가도 책 쓰기 전문가도 아니었던 내가 100권이 넘는 책을 읽으면서 독서법 전문가가 되고 또 책 쓰기 전문가가 되었다. 심지어 책 쓰기 코칭을 하고 있고 여러 사람에게 작가라는 이름을 선물해주고 있다. 메신저로 살아가도록 도와주고 있다.

자주 읽는 책 중에 '영혼을 위한 닭고기 수프'라는 책이 있다. 190주 연속 베스트셀러였으며 47개 언어로 번역되어 1억 부 이상 팔린 전 세계적인 베스트셀러이다. 7초에 한 권씩 팔린다는 통계가 있을 정도다. 이 책의 저자 프로필에는 잭 캔필드와 마크 빅터 한센이라는 두 이름이 적혀 있다.

하지만 이 책을 읽어본 사람이라면 알 것이다.

그 두 작가의 이야기는 거의 담겨 있지 않다. 그 두 작가는 이야기를 모았을 뿐이다. 그것도 평범한 사람들의 이야기를 말이다. 그리고 평범한 사람들의 이야기이기 때문에 더 많은 독자가 큰 감동을 한 것이 아닐까? 자신이 겪었거나 혹은 주위 사람들이 겪을 만한 일이기 때문이다.

사람들은 흔히 자신의 경험이 무가치하거나 무의미하다고 말한다. 하지만 내가 들었던 말들은 절대 그렇지 않았다. 단지 무가치하다고 생각할 뿐이다. 오늘도 그 이야기를 듣기 위해 책을 읽고 또 강의를 듣고 사람들을 만난다. 그리고 그들의 이야기를 세상 밖으로 꺼내주는 일을 하고 있다. 그만큼 세상은 지혜로워지고 또 아름다워지리라 생각한다.

기억하자. 인생은 한 권의 줄거리 있는 책이다.

여러분의 인생은 그 자체가 책이다. 그 가치를 따질 수 없는. 그래서 꼭 세상에 나와야 할 그런 책이다.

여러분의 가치는 무한하다. 여러분의 가지고 있는 이야기의 가치는 한 생명을 구할 수도 있다. 최소한 지금 심각하게 고민하는 사람들에게는 등불 같은 글이 될 수도 있다.

세상에 무의미한 경험은 없다. 또 세상에 책으로 나오지 못할 만한 글도 없다. 모든 인생이 소중하기 때문이다. 모든 인생이 특별하기 때문이다. 그렇기 때문에 '영혼을 위한 닭고기 수프'는 그렇게 전 세계적으로 큰 사랑을 받은 것이 아닐까?

하루 한 시간 책 쓰기면 충분하다

두 학생이 있다. 한 학생은 하루에 4시간씩 공부하고, 한 학생은 6시간씩 공부한다. 어떤 학생의 점수가 더 높을까? 당연히 6시간이라고 생각이 되는가? 하지만 의외로 우등생은 공부 시간이 적었다. 그 아래 등급에 속하는 학생들보다 오히려 더 적었다. 잘못 읽은 줄 알고 몇 번을 읽었지만, 결과는 같았다. 그 이유가 무엇일까? 바로 몰입력 때문이다.

도서관에 가면 빈자리가 없을 정도로 많은 학생과 심지어 성인들도 자리를 지키며 공부하고 있다. 하지만 재미있는 사실은 비어 있는 자리도 참 많다는 사실이다. 심지어 몇 시간 동안이나 비어 있는 자리가 꽤 많았다. 겨우 자리를 찾아서 공부하다 문득 돌아보면 여전히 빈 자리가 많았다. 놀라운 것은 그들이 공부했다고 착각한다는 것이다. 그래서 어떤 전문가는 실제로 자신이 공부한 시간을 재보라는 조언까지 해줬다. 공부했다고 생각한 시간의 반의 반도 못 했을 거라는 팩트 폭행과 함께 말이다.

앉아 있기만 한다고 그 시간에 공부하는 것이 아니다. 실제로 학생들의 공부 시간을 조사한 연구가 있는데, 실제 앉아 있는 시간에 비하면 턱없이 부족했다고 한다. 그래서 칼 뉴포트 작가는 '딥워크' 하라고 조언한다.

실제로 칼 뉴포트 작가는 10년 동안 4권의 책을 썼고, 박사 학위를 땄으며, 논문까지 썼다고 한다. 그리고 조건부 종신 교수가 되었다. 놀라운 사실은 일과 후에는 거의 일을 하지 않는다고 한다.

심지어 두 아이를 둔 아버지이자, 그 와중에 놀라운 만큼 많은 시간 독서를 하고, 저녁에는 느긋하게 라디오로 야구 중계를 듣는 여유까지 누린다고 한다. 참 읽고도 믿기지 않았다. 나중에 이 책에서 최연소 교수가 되고, 60여 편의 논문은 물론 '기브 앤 테이크', '오리지널스'라는 베스트셀러까지 쓴 애덤 그랜트의 이야기를 본다면 아마 어안이 벙벙해질 것이다.

이런 사례는 훨씬 더 많다.

가치 있는 일을 하려면 시간과 인내가 필요하다. 그리고 딥워크가 필요하다. 딥워크란 심층적 작업이라고도 하며 인지능력을 한계까지 밀어붙이는 완전한 집중의 상태에서 수행하는 직업적 활동을 뜻한다. 쉽게 말해서 완벽한 몰입의 상태라고 할 수 있겠다. 재미있는 사실은 딥워크의 한계다. 초심자는 하루에 1시간, 전문가도 최대

4시간만 가능하다고 한다. 그리고 이 1시간이 나에게 엄청난 영감을 주었다.

예전에는 독서법 그리고 책 쓰기 강의를 할 때 사람들이 나만큼 독서를 하고 또 글쓰기를 바랐다. (나는 평소 하루에 적어도 4시간은 독서를 하고 책을 쓴다.) 그러나 많은 사람이 중도에 포기했다. 그때는 그 이유를 몰랐다. 서울대 과외교사가 인수분해를 잘 모르는 아이들을 이해하지 못하는 것처럼, 외국인이 영어를 가르칠 때 문법을 잘 모르는 한국인을 이해 못 하는 것처럼, 그리고 왜 10시 10분(십 시 십 분이 아니라) 열시 10분이라고 잘 읽는지 모르는 대부분 한국인처럼 말이다.

나에게는 너무 당연한 것이 그들에게는 당연하지 않았다. 생각해보면 나도 하루 1시간은 고사하고 하루 10분 독서도 어려워하던 때가 있었다. 그런데 해를 거듭할수록 나도 모르게 습관이 되고, 전문가가 된 것이다. 그래서 그들을 이해하지 못했던 것이다. 그 이후 나는 하루 1시간을 강조하기 시작했다. 그리고 하루 1시간은 많은 사람이 쉽게 적응했다.

하루 1시간이면 하루에 몇 퍼센트일까? 약 4% 정도일 것이다. 하루에 4% 정도는 내가 원하는 꿈에 투자할 수 있지 않을까? 하루 1시간만 여유를 내면 어떨까? 그렇게 말하면 많은 사람들이 지금 여러분과 같은 대답을 한다.

"제가 정말 바쁘거든요."

나도 정말 바쁘다. 학습지 교사를 한다면 내 말을 이해할 것이다. 바쁘다는 말로도 다 표현 못 할 만큼 바빴다. 그 와중에 책을 읽었고 또 2권의 책을 썼다. 지금은 여러분이 읽고 있는 세 번째 책 또한 쓰고 있다. 단지 하루 1시간을 투자했기 때문이다.

나는 많은 시간을 투자하지 않았다. 하루에 1시간 정도만 내 꿈을 위해 투자했다. 나의 일정표를 보면 주말은 쉬고 평일은 1시간 정도만 책 쓰기를 했다. 그 외의 시간은 없었다. 직장인이었기 때문이다.

하지만 4%를 어떻게든 투자했다. 내가 원하는 삶을 살기 위해, 내가 꿈꾸는 삶을 살기 위해, 행복하게 살기 위해서.

만약 4%의 시간도 내 마음대로 쓰지 못한다면 그게 여러분의 삶이라고 할 수 있을까?

> 하루 10분, 하루 중 고작 0.7%의 시간조차 만들어 낼 자신이 없다면 살아 있어도 죽은 삶을 사는 것과 마찬가지입니다.
>
> - '습관홈트'

'습관홈트'의 이범용 작가는 하루 10분만 바꾸어도 인생이 바뀐다고 말한다. 그리고 그렇게 하지 못하면 죽은 삶이나 마찬가지라고 말한다.

이 습관홈트 덕에 나를 포함한 많은 사람이 나쁜 습관을 버리고 좋은 습관을 지니게 되었다. 그리고 인생이 바뀌게 되었다.

하루의 0.7%인 10분만 바꾸어도 인생이 변한다. 그런데 만약 하루의 4%인 하루 1시간을 바꾸면 어떻게 될까? 그 사람의 삶은 무조건 변하지 않을까? 하루 1시간만 독서를 한다면, 하루 1시간만 책을 쓴다면 인생이 변할 수밖에 없지 않을까?

하루는 24시간이고 일주일이면 168시간이다.

당신은 이 많은 시간을 어떻게 쓰고 있는가? 풀타임 근무자라도, 먼 곳으로 출퇴근을 하더라도, 하루에 7~8시간씩 잠을 충분히 자더라도, 하루에 1시간이 없는가? 그 1시간만 미래를 위해 투자하면 1년 후 여러분의 직업이 바뀌고, 수입이 바뀌고, 미래가 바뀔 수 있다. 투자하고 싶지 않은가?

여러분의 인생을 바꾸고 싶지 않은가? 어떤 책인지 정확하게 기억이 나지 않지만, 아래의 문장을 꼭 알려주고 싶다.

자투리 시간에 스마트폰을 만지는지, 책을 읽는지에 따라서 여러분의 인생은 180도 달라진다.

1주일만 여러분의 시간을 기록해보자.

1주일 168시간 중에서 7시간이 없을까? 출퇴근 시간만 잘 활용해도 꿈을 이룰 수 있지 않을까?

내 주위에는 바쁜 사람들이 많다. 그래서 새벽에 영어 공부를 하고, 독서 모임을 하고, 또 점심시간에 글을 쓰고 독서를 한다.

그저 흘려보낸 하루 1시간이 나중에는 쌓이고 쌓여서 꿈을 이룰 수 있는 발판이 된다. 가치 있는 사람이 되려면 딥워크하자. 많은 시간을 바라지 않는다. 딱 1시간만, 딱 하루에 4%만 투자하자. 1년 뒤에는 몰라보게 달라져 있을 것이다. 그 순간을 보고 싶지 않은가? 그 순간이 기대되지 않는가?

오늘 여러분이 쓰는 1시간에 달려 있다.

그 시간이 미래를 결정한다.

─ 6 ─
이제 평생직장은 없다

최근 책 쓰기 강의를 하는 도중 명예퇴직과 관련된 이야기를 한 적이 있다. 한 40대 수강생이 한숨을 쉬며 말했다.

"작가님 강의 중에 틀린 부분이 있는데 지적해도 되겠습니까? 명예퇴직이 50~60대라고 하셨는데, 아닙니다. 제가 40대인데요, 몇 년째 명예퇴직 권고를 받고 있습니다. 제 주위도 그렇습니다. 너무 막막합니다."

그 이후 실제로 주위 사람들의 이야기를 들으니 사실이었다. 대기업에 다니는 내 친구도 30대이지만, 희망퇴직 권고를 몇 번이나 받았다고 한다. 무서운 현실이다. 과연 평생직장은 있을까?

아직도 평생직장을 믿는 사람들이 있다. 아니 상당히 많다. '대마

불사' 즉 대기업은 망하지 않는다는 말도 있었지만 지금 네이버에 '명예퇴직'이라는 4글자만 입력해보면, 10초 만에 내가 하려는 말을 이해할 것이다. 바로 평생직장은 이제 없다는 것이다. 꿈의 직장이라는 곳도, 누구나 다 알만한 곳도 희망퇴직이라는 카드를 꺼내고 있다. 코로나로 인해 더욱 그 속도가 빨라졌지만 원래 일어날 일이었다고 많은 전문가가 이구동성으로 말하고 있다.

수많은 책을 읽으면서 재미있는 사실을 알게 되었다. 미국에서 일어난 일은 일본에서 몇 년 뒤 꼭 일어난다. 그리고 일본에서 일어난 일은 몇 년 뒤 꼭 한국에서 일어난다.

평생직장이 보장되는 시대는 끝나가고 있다. 그런데도 아무 준비를 하지 않는다면, 혹은 나중에 퇴직금으로 자신이 원치 않는 카페나 pc방 또 치킨 장사를 하려고 한다면, 직무유기를 하는 것이나 다름없다.

창업 역시 미래가 불투명하다. 아니 어둡다. 차라리 다른 것을 하라고 권하고 싶다.

인천에서 위생과로 20년 넘게 근무한 공무원과 이야기를 나눌 기회가 있었다. 창업에 관한 이야기를 했을 때 심각한 표정으로 하던 말이 잊히지 않는다.

"제가 하는 일이 식당으로 장사하시는 사장님들이 장사 잘하시도록 도와주는 일입니다. 그런데 너무 힘들어하십니다. 도저히 버티지를 못하시더라고요. 창업은 정말 할 게 못 되는 것 같습니다."

창업을 생각하고 있다면 정말 잘 준비해야 한다. 반짝 유행하는 프랜차이즈를 냈다가 문을 닫는 경우를 수도 없이 봤다. 그래서 어떤 작가는 절대 프랜차이즈를 하지 말라고까지 말한다.

나는 주 5일 하루 8시간 이상 일하던 회사에서 점점 일을 줄이고 있다. 현재는 2~3일 정도 일하고 있다. 시간으로 따지면 2일도 채되지 않는다. 평생 일할 수도 없으므로 나는 책 쓰기와 강의로 미래를 준비했다. 또 10월 중에는 새로운 사업을 생각 중이다.

지금까지는 책 쓰기와 강의로 버는 수입으로 부족한 부분을 메꾸었다. 곧 사업 수입만으로도 즉 회사의 월급 없이도 생활할 수 있게 될 것 같다. 생각만 하던 시간적인 또 경제적인 자유를 가진 사업가가 되는 것이다.

'터닝 포인트'라는 말이 있다. 모든 사람에게는 전환점이 필요하다. 나중에는 늦을 수도 있다. 지금 변해야만 한다. 왜냐하면, 세상의 속도가 너무 빠르기 때문이다. 가만히 있으면 도태되기 때문이다. 오늘 걷지 않으면 내일은 뛰어야 하기 때문이다.

직장인 부업이라는 말이 심심찮게 들린다. 그만큼 미래를 불안해

하고 있다는 반증이 아닐까 싶다. 하루에 몇만 원이라도 더 벌기 위해 수많은 가장이 일을 찾고 있다. 나도 한때는 부업을 하기 위해 한참 유튜브를 본 적이 있다. 많은 유튜브를 보고 또 강의를 들었다. 하지만 다음의 이야기는 큰 충격으로 다가왔다.

"내가 왜 이런 것을 무료로 다 알려드리는지 아세요? 제 밥그릇이 위험하잖아요, 그렇죠? 바로 이유가 있습니다. 제가 실제로 통계를 내봤습니다. 저를 통해서 이 일을 하게 되었는지, 또 얼마나 했는지…… 그 결과를 알려드릴까요? 1%도 안 되더라고요. 아시겠어요? 제가 알려드려도 여러분이 하지 않는다는 것을 알기 때문에 저는 다 알려드립니다."

충격적이지 않은가? 더 놀라운 것은 그렇게 말하는 사람이 한 사람만 있는 게 아니라는 것이다. 수많은 사람이 직접 경험했다는 것에 있다.

나도 많은 사람에게 무료 컨설팅을 했다. 독서에 대해, 책 쓰기에 대해, 또 삶에 대해……
한숨을 쉬는 사람도 많았고, 울먹울먹하는 사람도 만났다.

"작가님을 지금 만난 것이 후회스럽습니다. 제가 지금 들었던 작가님의 말씀 그대로 실행하겠습니다."

"네, 정말 응원할게요. 또 궁금한 게 생길 때는 언제든 연락해주세요."

하지만 2번째 대화로 이어지는 경우는 거의 없다. 그리고 그 다짐대로 살아가는 사람도 많지 않다. 하지만 '100명 중의 한 사람이라도, 1,000명 중의 한 사람이라도 필요한 사람이 있겠지.'라는 생각으로 여전히 무료 컨설팅과 무료 강의를 하고 있다.

예전에 재정 전문가를 만난 적이 있다. 정말 바쁘신 분이 제주까지 내려오셔서 밤새 나에게 재정에 대해 알려주셨다. 내가 드릴 수 있는 건 커피 한 잔밖에 없었다. 새벽까지 이어진 컨설팅의 끝은 다음과 같은 말이었다.

"정말 많은 사람을 만났습니다. 제 돈 써가면서 재능기부를 하고 있습니다. 정말 굳게 약속한 사람도 있었고, 카페에서 남들이 보든 말든, 울던 사람도 있었습니다. 그런데 지금은 그때와 똑같이 살아가는 모습을 보며 정말 답답함을 느낍니다. 그래도 한 사람을 위해서, 정말 내 도움이 필요한 한 사람을 위해서 오늘도 재능기부를 합니다. 준연 씨가 그 한 사람이 되었으면 합니다. 제발 그 한 사람이 되었으면 합니다."

나는 이제껏 만났던 거의 모든 멘토와의 약속을 지켰다. 시간이 걸리더라도 멘토들이 원하는 모습으로 다가가는 과정을 보여드렸다. 그럼 늘 같은 반응이 돌아온다.

"대단합니다. 반신반의했는데, 정말 할 줄 몰랐습니다."
"말씀드렸잖아요. 저는 정말 해주셨던 말씀 그대로 한다고."

그 말을 그대로 지킨 결과 파산 직전이었던 나는 파산하지 않았다. 그러므로 컨설팅이 필요하다. 그래서 최대한 오래 해보려고 한다. 누군가는 필요하기 때문이다. 누군가 이렇게 말해줬으면 하고 늘 기도한다.

"작가님 말씀대로 해서 이렇게 잘 되었습니다. 다음에는 뭘 하면 좋죠?"

어제의 생각과 행동의 결과는
바로 오늘의 나 자신이다

많은 사람이 믿지 못하는 사실이 몇 가지 있다. 그중의 하나가 내가 누구보다 부정적이었다는 사실이다.

나는 29살에 제대하여 마치 실패한 사람처럼 제주도에 내려왔다. 아니, 도망 왔다. 아르바이트를 찾았지만, 고졸인 내가 할 수 있는 일이 그렇게 많지 않았다. 주위 사람들의 말처럼, 또 내가 나에게 했던 말처럼 나는 점점 잘못 살고 있었다. '잘 안 될 것'이라는 자기충족적 예언이 늘 나와 함께 했던 것 같다.

제주도에 내려와서 얼마 되지 않았을 때의 이야기다. 일을 찾으려고 했는데 서귀포에는 일할 곳이 그렇게 많지 않았다. 겨우 찾은 곳이 서점이었다. '우생당'이라는 곳이었는데 서귀포에서는 꽤 큰 서점이다. 카운터를 봐줄 사람을 구한다는 광고를 보고, 다음 날 찾아갔다. 정정해 보이는 사장님이 이력서를 보면서 한마디 했다.

"여기에서 일하기는 너무 아까운데……."

일할 곳을 찾기 위해 여기저기 다니면서 처음 들어본 말이었다. 그래서 결국 불합격 통보를 받았다. 기분 나쁘지 않은 불합격이었다.

"분명히 좀 더 괜찮은 일을 찾을 수 있을 것 같은데, 지금 이력서에 있는 내용(아마 토익 점수와 테솔 자격증인 듯하다)으로 더 좋은 일을 찾아보세요. 여기에서만 일하기에는 너무 아까운 재능이라 뽑지 않겠습니다."

'이런 불합격도 있구나.'라는 생각과 함께 참 감사했다. 나의 진가를 알아주시는 것 같아서. 그래도 열심히 살았다고 격려해주는 것 같았기 때문이다.

자존감이 바닥을 지나 지하로 향해 가고 있었는데, 그 사장님을 만나고 나서는 나름 자존감이 생겼다.

사람의 욕구 중에서 '인정받고 싶은 욕구'가 최고라던데 정말 그 말이 맞았다. 이후 좀 더 자신감을 가지고 면접을 봤다.

나는 아까운 사람이었기 때문이다.

또 자존감이 180도 바뀌게 된 계기는 '마인드셋'이라는 책과 '1만 시간의 재발견'이라는 책 덕분이다. 두 책 덕분에 남을 바라보는 관점 그리고 나를 바라보는 관점이 완전히 바뀌게 되었다. 왜냐하면, 사람은 자신이 생각하는 대로, 또 말하는 대로, 마음먹은 대로 될 수 있다는 사실을 깨달았기 때문이다.

내 삶은 망했다고 생각했다. 많은 사람이 나에게 말하는 대로 망했다고 생각했다. 하지만 마인드셋이 바뀌게 되자 남의 말은 무시할 수 있게 되었다. '마인드셋'에서는 말한다.

"'아직 성장할 수 있다.'라는 믿음이 인생을 바꾼다!"

– '마인드셋'

'놓치고 싶지 않은 나의 꿈 나의 인생'에서도 거의 똑같은 내용이 나온다. 그 신념대로 마음을 먹고, 또 말을 하고, 행동했을 때 나는 정말 이전과는 전혀 다른 삶을 살게 되었다. 그 믿음 하나 때문에.

"작가님의 인생 책은 뭔가요?"
"마인드셋'과 '1만 시간의 재발견'이오."

그만큼 내 삶을 통째로 바꾼 책들이다. 이 책이 아니었다면 아마 여러분과 나는 만나지 못했을 것이다. 작가가 된다는 생각도 또 강사가 된다는 생각도 하지 못했음이 확실하기 때문이다.

많은 사람이 마인드셋을 바꾸었으면 좋겠다. 그래서 말하는 대로 살았으면 좋겠다. 그 생각 하나가 인생을 바꿀 수도 있다. 물론 긍정 확언만으로 사람이 인생이 바뀌지는 않을 수 있다. 하지만 긍정 확언으로 인생을 바꾼 사람이 수도 없이 많다. 한번 해볼 만하지 않을까?

생각을 바꾸면 행동이 바뀌고,

행동을 바꾸면 습관이 바뀌고,

습관을 바꾸면 인격이 바뀌고,

인격이 바뀌면 운명이 바뀐다.

- 윌리엄 제임스(William james, 1842~1910)

운명을 바꾸는 첫 번째 순서가 바로 생각이다. 그 생각을 바꾸었기 때문에 수많은 사람이 새로운 삶을 살게 되었다. 즉 새로운 운명으로 살게 되었다. 뭔가 거창한 것이 필요한 것이 아니다. 가장 단순한 것이 가장 비범한 것이다.

어제의 생각과 행동의 결과가 바로 오늘 여러분 자신이다. 오늘의 생각을 바꾸면 분명히 여러분의 내일이, 운명이, 그렇게 인생이 바뀌게 될 것이다. 어쩌면 너무 당연하지 않을까?

-8-
인과의 법칙은
누구에게나 공평하다

"나는 아직도 배고프다."

히딩크 감독이 남겼던 이 명언을 모르는 사람은 거의 없을 것이다. 한국 대표팀이 일본의 패배를 보면서 환호하자 히딩크 감독은 소리를 버럭 소리를 질렀다고 한다.

"나는 아직도 배가 고픈데 너희는 배가 부른 것 같다."

아직도 2002년의 열기가 생각난다. 한국 최초로 4강에 오른 사건 말이다. 전 국민이 환호했다. 그 주역에 히딩크 감독이 있었다. 그의 훈련 방식은 남달랐다고 한다. 특히 정신력에 많은 비판과 조율을 요구했다고 한다.

"I'm still hungry.(나는 아직도 배고프다.)"

나는 거스 히딩크 감독의 한마디가 이 문장이라고 생각한다. 늘 다음 목표를 생각하고 집중하는 힘. 대충 만족하지 않고 더 높은 목표로 가게 하는 열정, 그 남다른 정신력이 이 문장에 다 녹아있다고 생각한다.

2년 만에 정말 많은 변화가 있었다. 평범한 직장인에서 작가와 강사가 되었고 책 쓰기 코치까지 되었다. 돌아보면 스스로도 믿어지지 않을 정도로 많은 일이 있었다. 하지만 나는 아직도 하고 싶은 일이 너무 많다. 그래서 늘 배우고 있다. 책을 읽고, 강의를 듣고 또 사람을 만난다. 삶의 모든 부분에서 더 나아지고 싶기 때문이다. 그리고 그 최고의 방법이 바로 독서이고 책 쓰기이고 또 만남이다.

하루에 책이 200권 이상씩 쏟아진다고 한다. 그중에 내 책은 과연 어떤 의미가 있는지를 늘 고민하게 된다. 상품이 아닌 작품을 쓰고 싶고, 반짝했다가 사라지는 책이 아니라 오래 사랑받는 스테디셀러 작가가 되고 싶다. 그러기에 오늘도 책을 쓰고 또 다음 책을 기획한다. 완벽주의자가 아닌 완료주의자가 되고 싶기 때문이다. 또 그 과정에서 결과가 아니라 과정만으로도 행복한 작가 그리고 강사가 되고 싶다.

내 삶을 바꾼 건 만남이었다. 책과 만남 그리고 사람과의 만남이 내 인생을 새롭게 했다. 오마에 겐이치의 말대로 "새로운 사람을 만나면 모든 것이 바뀌게 되는 것이다."

당신은 당신 주위에 있는 5명의 평균이다.

           – 짐 론

여러분은 현재 어떤 사람을 만나고 있는가? 그리고 어떤 사람과 시간을 가장 많이 보내는가? 또 여러분의 소중한 돈과 시간을 어디에 가장 많이 쓰는가? 여러분들의 현재 주위 환경 즉 여러분이 만나는 사람이 여러분을 180도 바꿀 수 있다는 것을 아는가?

'아비투스'라는 책을 읽은 적이 있다. 이 아비투스가 여러분의 인생을 결정한다는 사실을 아는가?

아비투스는 아우라처럼 인간을 감싸고 있다. 즉 세상을 사는 방식과 태도를 말한다. 그리고 이 아비투스가 삶과 기회 심지어 지위를 결정하고 당신이 누구인지를 말해준다. 그리고 이 아비투스를 바꾸는 것은 언제, 어디서나 가능하다.

'아비투스'의 도리스 메르틴 작가와 오마에 겐이치의 말대로 당신 주위에 어떤 사람이 있는지는 생각 이상으로 중요하다.

내 삶이 바뀌게 된 계기는 단 하나는 아닐 것이다. 하지만 확실한 것은 만나는 사람을 바꾸었기 때문인 것은 확실하다. 지금과 2년 전과는 다른 사람들을 만나고 있기 때문이다.

2년 전만 해도 나는 아침 늦게 심지어 오후에도 일어나곤 했다. 어떤 날은 오후 3시에 출근해도 아무 지장이 없었기 때문이다. 하지만 주위에 새벽을 깨우는 사람들과 함께하자 단 1주일 만에 새벽을 깨우는 사람이 되었다. 늦잠을 자도 오전 7시를 넘지 않았다. 만나는 사람들이 변했기 때문이다.

또 나는 독서를 하는 사람도 아니었다. 하지만 어느새 10개 정도나 되는 독서 모임에 참여했다. 책을 읽을 수밖에 없는 환경을 만들었고 만나는 사람들도 모두 독서가였다. 나도 어느새 하루에 몇 시간씩 독서를 하는 독서가가 되었다.

작가가 된 것도 마찬가지다. 작가들을 만나고, 그 습관들을 따라 했다. 어느새 나도 작가가 되었다. 그리고 계속해서 성장하고 있다.

어느새 전국적으로 강연하는 작가가 되었다. 그리고 책 쓰기 코치가 되었다. 작가가 되고 싶은 사람들을 만난다. 늘 책 쓰기만 생각하기 때문이다.

지금도 배울 곳이 있다면 어디든지 간다. 더 많은 것을 배우고 싶고, 날마다 더 나아지고 싶기 때문이다.

만나는 사람마다 나에게 이렇게 말한다.

"짧은 시간에 정말 대단하십니다. 1년 후가, 또 3년 후가 너무 기대됩니다."

나 역시 그렇다. 날마다 1%만 성장하면 1년 후에는, 또 3년 후에는 엄청난 성장을 할 것이기 때문이다. 그리고 여러분도 그런 모습이 되기를 또 그런 모습을 꿈꾸었으면 간절히 바라본다.

나는 여전히 하고 싶은 일이 많다. 그리고 배고프다. 그렇게 열심히 살면서도 여유가 있다. 시간적, 경제적 자유를 얻는 길로 가고 있기 때문이다. 오늘 무엇인가 시작하지 않으면 아무것도 시작되지 않는다. 그래서 내일이 아닌 오늘 여러분에게 행동하라고 말하고 싶다. 내 책을 읽은 것처럼 하루 1시간만, 하루에 4%만 자신을 위해 투자해보자. 1년 뒤에는 깜짝 놀랄 만한 일이 일어날 것이다.

모든 사람이 인생은 불공평하다고 하지만, 인과의 법칙은 누구에게나 공평하다. 내 인생에서도 인과의 법칙이 적용되듯이, 여러분의 인생에도 인과의 법칙이 똑같이 적용된다.

인과의 법칙은 다른 말로 필연성이라고도 한다. 반드시 일어나기 때문이다.

여러분이 작가가 되고 싶다면 오늘부터 작가가 될 수밖에 없는 습관을 지니면 된다. 오늘부터 글을 쓰고, SNS에 그 글을 공유하자. 공유하지 않으면 그 가치는 아무도 알 수 없다.

누구나 시작은 1이다. 지금의 조건에서 시작하자.

지금 바로 여기에서.

제 5 장

필력이 아니라
기획이다

− 1 −
어제와 다른 생각이
내일을 변하게 한다

스물아홉 살. 군대를 전역했을 때가 기억난다. 갈 곳도 없었고, 가고 싶은 곳도 없었다. 누군가 나를 기다리는 곳도 없었다. 차라리 군대가 낫겠다는 생각까지 들었다. 내일 어디로 가야 할지 고민은 하지 않아도 되니까 말이다.

앞에서도 얘기했지만 27살에 늦깎이 신병으로 입대했다. 장교가 아닌 일반 사병으로 말이다. 그렇다고 남들처럼 어떤 자격증을 취득하거나 학위를 따기 위해서도 아니었다.

그저 군대가 가기 싫었다.

마땅한 직업조차 없었던 27살의 고졸 학력이 전부인 볼품없는 청년이었다. 심지어 가족과의 인연도 끊어진, 고아나 다름없는 청년이었다.

사람들이 나에게 자주 했던 말이 사실이 될지도 모르겠다고 늘 생각했다.

'넌 망했다.'라고……

나도 그렇게 믿었다. 물에 물 탄 듯 술에 술 탄 듯 살았다.

아무 생각 없이.

그때 우연히 책을 만나게 되었다. 비가 추적추적 오던 날 단칸방에서 '호박벌'이라는 책을 읽게 되었다.

과학적으로 날 수 없는 벌, 하지만 지금도 날아다니는 벌.

그 이야기가 진실이든 혹은 허구든 그것은 중요하지 않았다. 그 단어를 보고 나의 가슴이 다시 뛰었고 다시 날고 싶었다. 잊고 있었던 '작가'라는 꿈이 생각났다. 그 외에도 믿지 못할 글들을 읽었다. 나보다 상황이나 환경이 좋지 않은 사람들이 이 세상에 없다고 생각했는데, 정말 많았다. 오히려 내 상황은 괜찮았다. 더 놀라운 것은 그들이 성공했다는 사실이었다. 그때부터 대담한 생각을 하게 되었다.

'혹시 나도 성공할 수 있을까?'

지금은 작가와 강사가 되었다. 얼마 전까지만 해도 평범한 직장인이었지만, 작가와 강사가 되어 지금은 퇴직을 앞두고 있다. 7개월 만에 작가가 되었고 두 번째 책을 쓰고 지금은 세 번째 책을 쓰고 있다.

지금 생각해도 믿기지 않지만 사실이다.

책 쓰기 코칭을 하며 작가가 되고 싶은 사람들의 꿈을 도와주고 있다. 그들은 늘 묻는다.

"혹시 저도 책을 쓸 수 있을까요? 작가님처럼 될 수 있을까요?"

그렇게 그들은 작가가 되었다. 더 많은 사람이 더 진취적인 생각을 했으면 좋겠다. 어제와는 다른 생각을 했으면 좋겠다. 그럼 오늘이 또 내일이 분명히 변할 것이기 때문이다. 그리고 다음과 같이 말했으면 좋겠다.

"내가 할 수 있다는 것은 너도 할 수 있다는 말이야!"

그러면 더 많은 사람이 진취적인 생각을 할 수 있지 않을까?
독서를 하고 작가가 될 수 있지 않을까? 국민의 1/3이 작가라는 여느 나라처럼 우리나라도 그런 일이 생겼으면 하는 바람도 가져본다.

나는 7년 차 학습지 교사였다. 초등학교 6학년 때 만난 아이가 어느새 수능을 치르고 대학생이 되었다. 시간은 멈춰있는 줄 알았는데 생각보다 빠르게 흘러가고 있었다. 그러다 보니 어느새 학부모님의 나이가 나와 같아지기도 하고 어느 집은 나보다 더 적기도 했다. 차마 나에게 학습중단을 이야기하지 못하고 회사로 전화하는 사람들이 생겼다. 그때마다 이런 생각을 했던 것 같다.

'내가 평생 이 일을 할 수 있을까?'

아무리 고민해봐도 아닌 것 같았다. 30대 중반에 새로운 직장을 찾아야 하나?

그러기에는 내가 가진 역량이 부족했다. 아닌 말로 금수저로 태어난 것도 아니고 그렇다고 특별한 기술이나 재주가 있는 것도 아니어서 아무리 생각해도 다른 대안이 없었다. 결국 하던 일을 계속해야만 할 수밖에 없는 처지였지만 차마 내키지 않는 일이었다. 그럼에도 불구하고 하지 않으면 안 되었다. 당장 생계가 걸린 문제이기 때문이다.

정규직으로 전환해야 하나? 실제로 알아보기도 했지만, 나에게는 맞지 않았다.

고민은 쉽게 끝나지 않았고 계속되는 치열한 고민은 나에게 다른 세상을 꿈꾸게 했다.

예전부터 꿈꾸어오던 프리랜서가 되고 싶었다. 자유로운 시간이 있고, 능력에 따라 돈을 번다는 점이 매력적이었다. 누구보다 열심히 할 자신도 있었다.

통·번역 자격증을 땄다. 우연한 기회에 영상 번역을 했다. 하지만 보수가 적어도 너무 적었다.

'내가 평생 이 일을 할 수 있을까?'

답은 아니었다. 학습지는 오후에 하니까 오전에 투잡을 해볼까?
새벽 우유배달이라는 구인광고가 보였다. 운동도 하고 돈도 벌고
일석이조라고 생각했다. 면접을 봤다. 하지만 아무리 생각해봐도 답
이 나오지 않았다. 잠을 포기해가면서 돈을 좀 더 번다고 해도 1년
뒤, 2년 뒤는 답이 나오지 않았다. 현재 내 상황에서 하는 노동만으
로 버는 돈은 한계가 있었다.

'내가 평생 이 일을 할 수 있을까?'

답은 아니었다. 수많은 시행착오를 겪으며 주 5일 근무에서, 주
3일, 그리고 주 2일로 일을 줄였다. 오전 시간에 독서를 하고 책을
썼다. 주말에는 육지에서 책 쓰기 등 수많은 자기 계발 과정을 공부
했다. 현실적으로는 돈을 벌어야 했지만, 신용카드를 긁어가며 나에
게 투자했다. 그 시간에 대한 보상일까? 생각보다 빠르게 작가와 강
사가 되었다.

'내가 평생 이 일을 할 수 있을까?'

이제는 말할 수 있다. 나는 몇 번이라도 이렇게 살고 싶다.
나는 힘들게 했던 질문이 이제는 나를 더욱 행복하게 한다. 평생

직업을 찾았기 때문이다.

여러분은 어떤가? 평생 그 일을 하고 싶은가? 그 일을 하고 있다면 축하한다. 혹시 아니라면 평생 직업으로 할 수 있는 일을 찾았으면 한다. 꼭 작가일 필요는 없다. 나의 답이 작가일 뿐 여러분의 답은 다를 수 있기 때문이다. 하지만 그 과정을 글로 기록하면 어떨까? 누군가 뒤에서 여러분의 흔적을 좇아올 수 있도록 말이다. 불안한 미래를 선택할 때 조금이라도 덜 막막하도록, 혹시나 여러분과 같은 길을 선택할 때 시행착오를 덜 하도록. 그 글은 좋은 글이 될 것이고 또 좋은 책이 될 것이다. 많은 사람을 살릴 수도 있는 책이 되지 않을까?

질문의 수준이 인생의 수준을 결정한다.

'네 안에 잠든 거인을 깨워라'

여러분은 어떤 질문으로 하루를 시작하고 마감하는가?
그 질문의 수준에 따라서 인생이 변한다면 어떤가?
어떤 질문을 해야 좋을까? 질문하면 반드시 답을 하게 되어 있다.
이는 스스로에게도 마찬가지다.

왜 작가가 되려 하는가?
작가가 될 수 있을까?
내 꿈을 이룰 수 있을까?

어떻게 하면 그렇게 될 수 있을까?

늘 이 질문들을 생각했고 특히 '어떻게'라는 단어에 집중했다. 그렇게 생각을 바꾸자 모든 것이 변하기 시작했다. 여러분에게도 묻고 싶다.

평생 그 일을 할 수 있을까요?
어떻게 하면 원하는 인생을 살 수 있을까요?
이 질문을 생각만 해도 많은 것이 변할 것이다. 질문의 수준에 따라 인생은 변하기 때문이다.

책 쓰기는 언제 어디서든 가능하다

많은 예비 작가가 책 쓰기에 막연한 두려움을 느끼고 있다. 아무나 쓸 수 없다고 생각하기 때문이다. 하지만 1,100권 이상 책을 편집한 40년 경력의 편집장님은 어떻게 말할까?

원장님(유광선 대표님)이 기획자이자 출간 프로듀서인데, 시간이 얼마나 걸리느냐가 문제이지, 책 내는 거야 100% 간단하지 않겠어요? 단 1%라도 의심되지 않는데요? 원장님과 30분만 이야기 나누면 길이 보이지 않을까요? 마음만 먹으면 다 쓸 수 있습니다.

－'유튜브 1,100권 이상 책을 편집한 편집장님께서

100% 책을 출간하는 방법 공개 중 요약'

제목에서부터 알 수 있듯이 100% 책을 출간할 수 있다고 한다. 그것도 1년도 안 돼서 가능하다고 자신 있게 말한다. 내 생각도 정확히 똑같다. 나도 그러했고, 주위에 수많은 예비 작가 또한 그랬다. 왜냐하면, 누구에게나 책 쓸 거리가 있기 때문이다. 단지 방법을 몰랐을 뿐이다. 책 쓰기는 아무나 할 수 없다고 생각했기 때문이다.

세계적인 베스트셀러 작가들도 처음에는 작가가 아니었다. 그리고 작가로 먹고살 수 있을지 고민했을 것이다. 왜냐하면 베스트셀러 작가들도 처음에는 확신이 없었기 때문이다. 그래서 일을 하는 동안 틈틈이 글을 썼고, 확신이 생겼을 때 전업 작가로 전향했을 것이다.

우리나라 작가 중에서도 그런 작가가 많다. 직장 일을 병행하면서도 책 쓰기는 가능하다.

지인 중에서도 함께 작가의 길을 걸어가고자 했던 분이 있었다. 그분은 책을 고르는 안목도 탁월했고, 좋은 인맥도 많았다.

어느 날 그분은 '퇴사하겠다.'라는 폭탄선언을 했다. 한 집의 가장이 갑자기 회사를 그만둔다니 나는 큰 걱정이 되었다. 말릴 새도 없이 그분은 어느 날 잘 다니던 회사를 그만두었다. 그리고 그분의 책은 나오지 않았다. (아주 나중에 나오기는 했지만, 그동안 수많은 이직과 스트레스로 힘들어했고, 지금도 자리를 잘 잡지 못했다.)

잘못된 광고 때문일까? 많은 예비 작가가 책만 쓰면 부자가 되거나 성공한다고 생각한다. 나도 처음에는 그렇게 생각했다. 하지만 실제로 많은 작가를 만나보니 꼭 그런 것은 아니었다. 다만 기회가 찾아오는 것은 확실하다.

한 분야의 책을 썼다는 것은 그 분야의 전문가라는 뜻이다. 실제로 책을 쓴 이후 전국적으로 강의를 다녔다. 그리고 어떤 달은 회사의 월급보다 훨씬 더 많은 강의료를 받기도 했다. 하지만 그렇게 되기까지는 생각보다 많은 시간이 걸렸다. 회사에 다니지 않았다면, 회사와 병행하지 않았다면 그 시간까지 버티기 힘들었을 것 같다. 그리고 지금도 회사에 다니는 것처럼 앞으로도 회사에 다닐 것 같다. 직장인도 책을 쓸 수 있다는 것을 알려주기 위해서다. 하루 1시간 투자해도 충분히 가능하다는 것을 가르쳐주고 싶다.

인생은 선택이라는 말이 있다. 하지만 꼭 양자택일할 필요는 없다. 특히 책 쓰기는 그렇다. 최근 한 예비 작가와 컨설팅을 하는데 똑같은 고민을 하고 있었다.

"작가님. 이제 곧 회사를 그만두려고 합니다. 개인적으로 사업도 하고 있고, 회사에 너무 많은 시간을 쓰고 있어서 책 쓸 시간이 없습니다. 그만두고 나면 제대로 집중해서 책을 써 보려고 합니다."

삶에 모범답안은 없기에 짧은 조언을 해드릴 수밖에 없었다.

"좋습니다. 집중해서 책을 쓰는 것 참 좋죠. 그런데 시간이 많으면 책을 오래 쓸 수 있을까요? 하루에 몇 시간이나 쓸 수 있을까요? 책 쓰기를 가르치는 저도 하루 4시간 정도가 한계더라고요. 그리고 말씀드렸겠지만 저는 하루 1시간만 책 쓰기를 추천합니다. 생계를 무시하고 책 쓰기에 전념했다가 무너지는 사람을 많이 만났기 때문입니다. 혹시 아내분과는 상의가 된 일인가요? 일을 위해서 가정을 포기해서는 안 됩니다. 조금 더 직장에 다니시면서 책을 쓰는 게 어떨까요? 지금처럼 '잘 되겠지.'라고 막연히 생각만 해서는 위험합니다. 물론 예비 작가님이 잘해 내실 것 같습니다. 이제껏 많은 일을 도전하셨고, 또 성공하셨었죠. 하지만 왜 굳이 하나만 선택하려고 하는지는 잘 모르겠습니다. 지금 이렇게 통화하는 시간 또 밥 먹는 시간 등 생각해보면 책 쓸 시간은 많습니다. 이 시간도 제대로 살리지 못하는데 시간이 생긴다고 꼭 책을 쓰는 게 아니더라고요."

결국, 그 예비 작가는 회사에 더 다니기로 했고 한마디를 남겼다.

"정말 감사합니다. 작가님. 저도 모르게 회사 일에 염증을 느끼고 도망가고 싶었던 것 같습니다. 가장 먼저 출근했고, 늘 밥 먹듯이 야근하고 너무 지겨웠습니다. 그런데 작가님의 조언이 아니었다면 정말 불안하게 시작했을 것 같습니다. 아내에게 '직장을 더 다니겠다.'라고 말하니 너무 좋아하더라고요. 개인 사업의 수입이 원래 다니던 회사의 연봉 수준으로 나오면 퇴사해도 된다는 허락도 받았습니다. 진작 이렇게 하면 됐을 텐데 왜 그렇게 고민했나 모르겠습니다. 감사합니다."

나는 절대 주위 사람에게 회사를 포기하면서 책 쓰기를 하지 말라고 한다. 또 일상을 포기하면서까지 책을 쓰지 않았으면 한다.

책을 쓰고 작가가 되면 정말 많은 것이 변한다. 그래서 모두가 작가의 삶을 살았으면 한다. 하지만 꼭 명심했으면 한다. 책을 쓴다고, 작가가 된다고 한순간에 삶이 180도 변하지는 않는다. 그 사실을 몰라서 책 쓰기에 너무 많은 돈을 쓰지 않았으면 한다.

돈보다는 시간을 투자해야 한다.

하루에 200여 권의 책이 나오지만, 우리나라 작가는 1만 명 정도라고 한다. 1%는 될 거로 생각했는데, 생각보다 적은 것이 작가다. 그만큼 작가라는 벽이 높은 것 같다. 하지만 오늘도 우리나라에만 200권의 책이 나왔을 것이고 또 새로운 작가가 탄생했을 것이다. 여러분이라도 안 될 것은 없다.

서점에 가서 신간의 프로필을 보면 재미있는 현상을 발견할 수 있다. 평범한 사람들이 쓴 책이 정말 많기 때문이다. 그 내용 또한 그리 다르지 않다. 하루에 200권씩 꾸준히 나오는데 완전히 새로운 내용은 나오기 어렵지 않을까? 그런데도 하루에 200권씩 쏟아진다. 누군가는 계속 도전하고 있기 때문이다.

29살까지 실패한 인생을 살았던 고졸 청년도 작가가 되었다. 일본의 한 중학생의 이야기가 세상에 나왔다. 심지어 한국에서도 초등학생이 책을 냈다.

처음부터 태어나면서부터 작가인 사람은 없다. 오늘 글을 쓰는 사람이 결국 작가가 된다.

초등학생도, 중학생도, 대학교를 중퇴한 고졸 청년도 할 수 있다면 여러분도 할 수 있지 않을까?

- 3 -
출간은 필력이 아니라
기획에 달려 있다

우선 귀한 원고를 저희에게 보내주신 점에 감사하다는 말씀 먼저
드립니다.
선생님께서 투고해주신 내용을 신중히 살폈으나 우리 회사에서 출
간하기에는 어렵겠다고 결론 내렸습니다.
감사합니다.

3권의 책을 내면서 수많은 거절 메일을 받았다. 어떤 작가는 처음
에는 100여 군데의 출판사에서 투고 거절을 당했다고 한다. 그래서
'두 번째 책을 쓸 때는 좀 더 낫겠지?'라고 생각했는데 200번 넘게 퇴
짜를 받았다고 한다. 그 글을 읽으며 1/1,000의 확률이 얼마나 와닿
았는지 식은땀이 흐를 정도였다.
언젠가는 투고가 아닌 출판사의 제안으로 책을 내고 싶다는 꿈을
꾸고 있지만, 사실 쉽지는 않다. 이런 상황에서 예비 작가가 할 수

있는 것은 SNS의 영향력을 높이거나 혹은 투고 성공확률을 높이는 것이다.

여기에서는 투고 성공확률을 높이는 방법에 관해 설명하고 싶다.

'왓 위민 원트'라는 영화가 있다. 불의의 사고로 여자의 속마음을 들을 수 있는 초능력을 가진 주인공은 그 능력으로 성공 가도를 달린다. 그는 동료의 아이디어를 훔쳐서 상사의 인정을 받는다. 여자의 마음을 알았기 때문에 가능한 일이었다.

그런데 만약 작가가 독자의 마음을 알고 책을 쓰면 어떤 일이 생길까? 독자가 읽으면서 '우와! 이건 내 이야기잖아!' 하며 공감한다면 어떤 일이 생길까? 더 많은 사람에게 사랑받는 그런 책이 되지 않을까? 그런 책을 쓰고 싶지 않은가? 그 방법을 알려준다면 그렇게 해보겠는가?

나는 일주일에 몇 번씩 온라인 교보문고에 들어간다. 물론 책을 구매하기도 하지만, 대부분 책을 보기 위해서다. 특히 베스트셀러 위주로 본다. 그중에서도 특히 책의 제목과 목차를, 그리고 분야를 눈여겨본다. 왜 그럴까?

첫 번째는 내가 다음 책을 쓰기 위해서다. 그리고 가장 중요한 두 번째는 책 쓰기 코칭을 위해서다.

앞서 말한 대로 책은 본인이 쓰고 싶은 책과 동시에 독자들이 읽고 싶은 책을 써야 한다. 그런데 어떻게 해야 독자가 읽고 싶은 책을 쓸 수 있을까? 어떻게 해야 독자의 마음을 알 수 있을까? 바로 베스트셀러를 읽는 것이다. 아니다. 베스트셀러를 보는 것이다.

사실 기획은 쉽지 않다. 하지만 그 기획에 따라 책의 성패가 달려 있다. 책 쓰기에서 가장 중요한 것이 기획이기 때문이다. 이 기획을 제대로 하지 않고 글을 쓰게 되면 시간 낭비, 그리고 노력 낭비가 될 수도 있다. 출간되기가 힘들기 때문이다. 하지만 조금만 관점을 달리해서 생각해보면 그렇게 어렵지 않다. 이미 답은 눈앞에 있기 때문이다.

강의 때마다 '글솜씨가 없어서 책 못 쓰겠어요.'라고 말씀하시는 수강생이 많다. 하지만 팔리는 책들은 글솜씨가 좋아서가 아니다. 물론 글을 잘 쓰면 좋겠지만 그보다 중요한 것은 기획 즉 '어떤 책을 쓸 것인가?'이다. 그 기획만 좋다면 여러분의 책은 충분히 출간될 가능성이 있다.

여러분은 서점에서 책을 살 때 무엇을 가장 먼저 보는가?

제목, 목차, 프롤로그, 카피 등 수많은 답이 있다. 거의 모든 사람들이 제목을 본다. 최근 알라딘 중고서점에서 50여 권의 책을 구매했다. 모두 고르는 데 10분도 걸리지 않았다. 무엇을 보며 책을 골랐을까? 바로 제목이다.

여러분이 제목을 보며 책을 고르듯이 수많은 예비독자도 제목을 보며 제목을 고른다. 하루에 200여 권씩 쏟아지는 책, 그리고 그보다 훨씬 많은 책이 오프라인 서점과 온라인 서점에서 독자를 유혹한다. 그리고 그 유혹에 성공하는 책은 제목이 좋은 책이다.

제목에 따라 그 책의 운명이 바뀐 사례는 수도 없이 많다. 그중에 하나를 소개하자면 김진명 작가의 '무궁화 꽃이 피었습니다'를 말하고 싶다.

600만 독자가 읽었다. 한국 출판 역사상 최고의 판매 부수를 기록했다고 한다. 하지만 그 시작은 어땠을까?

맨 처음에 '무궁화 꽃이 피었습니다'는 다른 제목으로 출간이 되었다. 바로 '플루토늄의 행방'이라는 제목이다. 내용은 똑같았지만, 그 책은 그다지 많이 팔리지 않았다.

김진명 작가는 출판사를 찾아가 따지기도 하고 결국 출판사와 계약을 해지하기에 이르렀다고 한다. 그 후에 해냄 출판사와 만났다. 그리고 여러분이 아는 것처럼 그때 책 제목을 '무궁화 꽃이 피었습니다'로 바꾸었다. 그리고 책은 날개 돋친 듯 팔렸고, 김진명 작가는 국민 작가가 되었다. 그 이후에도 왕성한 활동을 하고 있는 작가가 되었다. 해냄 출판사는 대형출판사가 되었다. 만약 김진명 작가와 해냄 출판사가 제목 즉 기획을 바꾸지 않았다면 이런 일이 가능했을까?

"작가님, 내용이 더 중요한 것 아닙니까?"

많은 분이 반문한다. 당연히 내용이 중요하다. 하지만 제목이 좋지 못하면 선택조차 받지 못한다.

도서관에서 정말 좋은 책을 많이 만난다. 머리에 망치를 맞은 듯 좋은 내용을 가진 책들이 가득하다. 하지만 이 책들은 온라인 서점에서는 만날 수 없다. 잘 팔리지 않아서 절판되었기 때문이다. 내용만으로는 시중에 존재하는 어떤 책보다 값어치가 있다고 생각하지만, 독자의 선택을 받지 못했기 때문에 그런 일이 생긴 것이다.

여러분이 피와 땀 그리고 시간을 쏟아서 한 권의 책을 냈는데, 독자의 사랑을 받지 못하면 너무 가슴 아프지 않을까? 내용이 아무리 좋아도 독자가 읽지 않는다면 그 책은 과연 책으로서의 의미가 있을까?

오늘도 나는 책을 본다. 책을 읽는 시간보다 더 많은 시간 책을 본다. 더 좋은 기획을 하기 위해서다. 더 많은 분이 작가가 되었으면 하기 때문이다. 여러분도 작가가 되고 싶다면 기획에 많은 시간을 쏟아야 한다.

-4-
미리 SNS로 홍보해야 한다

　제주에서 아주 크게 성장하고 있는 카페가 있다. 한 달에 2~3개씩 점포가 늘어나고 있다. 한 달 순수익이 무려 2천만 원에 가깝고, 한 사장님이 가맹점을 몇 개씩이나 할 정도로 유망하다고 한다. 코로나가 왔지만 여전히 손님들이 많다. 우연히 카페 대표의 강의를 들을 기회가 있었다. 그 첫마디가 아직도 잊히지 않는다.

　이런 프로그램(강연)이 있다는 것을 알고 신청하는 것은 대학에서 강의 듣는 것과는 아주 다르다고 생각합니다. 자기가 원해서 혹은 필요해서 들으러 오셨다고 생각하니 평상시보다 무척 긴장됩니다. 제가 하는 말은 정답도 아니고 먼저 이 길을 간 사람으로서 조언 정도만 할 수 있다고 생각합니다. 그리고 이렇게 오실 정도면 여러분들은 분명 저보다 더욱 성공할 것 같습니다. 진심입니다.

39살이라는 나이로 엄청난 성공을 거두었고 지금도 몇 개의 사업을 기획하고 실행하고 있다. 그리고 그 비결을 알려줬는데 강연 내내 겸손한 모습에 정말 많이 놀랐다. 무엇보다 24살부터 요식업을 시작했고, 몇 번이나 망했지만, 다시 일어서고 또 지금의 사업도 단지 그 과정이라는 말이 참 인상 깊었다. 그리고 내가 하고 싶은 말과도 '참 비슷하다.'라는 생각을 많이 했다.

얼마 전까지만 해도 원고 투고는 작가가 되는 아주 좋은 방법이라고 생각했다. 당연히 책 쓰기 코칭은 물론 강의도 그렇게 진행했다. 물론 그렇게 작가가 되기도 했지만 최근 〈N잡하는 허대리의 월급 독립 스쿨〉이라는 책을 읽으면서 그 고정관념이 깨지기 시작했다. 내가 알던 이야기와는 많이 달랐기 때문이다.

출판에 대해 많은 사람들이 한 가지를 오해합니다. 무명작가가 첫 책을 내려면 출판사에 반드시 원고를 투고해야 한다고 생각하는 거죠. 저 또한 그렇게 생각했습니다. 하지만 직접 출판 계약을 하며 실상은 다르다는 걸 알게 됐습니다. 저는 유튜브 채널을 운영하며 출판사 열네 곳에서 단행본 출간을 제안받았습니다…….
　　　　　　　　　　　　　　　　　- 〈N잡하는 허대리의 월급 독립 스쿨〉

물론 언급한 대로 모든 편집자가 그런 것은 아니겠지만 여러 편집자의 의견을 보면서 그냥 던지듯 원고를 투고하는 것보다는, 어떤

식으로든 단 한 줄이라도 세상에 나를 알리는 것이 우선이라는 생각이 든 것이다.

그 이후로 책 쓰기를 배우는 분들에게 브런치를 많이 추천한다.

한 번에 100장의 책을 쓰기는 막막하고 힘들지만 1장 혹은 2장의 글은 비교적 쉽다. 하지만 그 과정을 50번에서 100번 하면 어느 순간 여러분의 글은 책이 된다. 그 이후 나도 브런치에 글을 쓰기 시작했다. 이제 시작이지만 분명 어느 순간 그 글들이 모여 책으로 될 것이다. 그리고 무엇보다 글을 쓰는 동안 독자의 반응을 볼 수 있다. 당연히 예비 작가의 글을 좋아하는 사람들을 모을 수도 있다.

이 사실은 출판에서 아주 중요한데, 앞서 말한 대로 이 책이 얼마나 팔릴 수 있을지가 출판에서 중요한 문제이기 때문이다. 1/1,000이라는 생각만 해도 두려운 그 과정을 겪지 않아도 될지도 모른다. 출판사의 제안을 받을 기회가 생기기 때문이다. 하지만 아무리 좋은 글감을 가지고 있어도 오프라인에만 있다면, SNS를 하지 않는다면 어떻게 편집자가 여러분을 찾을 수 있을까?

SNS로 작가가 된 경우가 적지 않다. 오늘부터 브런치 혹은 SNS에 글을 남겨보면 어떨까? 시간 낭비만 조심한다면 많을수록 좋다. 더 많은 사람에게 내 이야기를 퍼트려야 하기 때문이다.

한 권의 책은 100장의 글이 필요하다. 하지만 SNS에는 단지 1장 혹은 2장의 글만 있어도 충분하다. 이 글만 있어도 여러분은 독자를 모을 수 있다. 하지만 많은 예비 작가가 반대로 한다. 책을 쓰고 나서 독자를 모으려고 한다.

비극은 여기서 시작된다. 말했던 대로 이미 독자가 확보되어있다는 것은 출판에서 아주 중요하다. 출판사도 그런 작가를 선호하기 때문이다.

하루에 책이 200권씩 쏟아지는데 어떤 책이 경쟁력이 있을까? 당연히 판로가 있는 작가다. 즉 팔 수 있는 독자가 있는 작가여야만 한다. 심지어 어떤 한 출판사 대표는 다음과 같이 말하기도 한다.

"만약 작가님이 책을 낸다면, 지인 몇 분이 책을 사줄 수 있나요?"

그만큼 예비독자는 중요하다. 그렇다면 팬이 없는 사람은 책 쓰기를 포기해야 할까? 아니다. 지금부터 SNS를 통해 그 기반을 닦아야 한다.

만약에 여러분이 출판사의 입장이라고 생각해보자. 예비독자가 있는 작가와 예비독자가 거의 없는 작가 중 선택한다면 누구를 선택할까? 활발히 SNS를 하는 작가와 SNS를 전혀 하지 않는 작가가 비슷한 원고로 투고한다면 누구를 선택할까?

인스타그램 팔로워 5,000명, 유튜브 구독자 1만 명이 대단해 보이지만, 그리 불가능한 목표는 아니다. 혹시 카카오톡 오픈 채팅방을 아는가? 최근 오픈 채팅방에 양질의 교육이 넘쳐난다. 심지어 무료인 경우가 많다. 어떤 강의에는 10분 만에 100~200명이 줄을 서는 진풍경이 연출되기도 한다. 최근 어느 오픈 채팅방에 한 작가는 대형출판사로부터 출간을 제의받았다. 무엇 때문이었을까?

그 작가의 콘텐츠도 훌륭했지만 바로 팔로워 수 즉 오픈 채팅방 덕분이었다. 1,000명에 가까운 인원과 늘 함께 소통하며, 오픈 채팅방의 몸집을 키워갔다. 그 오픈 채팅방에서 작가의 행보를 지켜보던 출판사 대표는 가능성을 보고 출간을 제의한 것이다.

나도 최근 독서법과 책 쓰기를 주제로 한 오픈 채팅방을 열었다. 2달 만에 400명 가까운 인원이 들어왔다. 그리고 책 쓰기 무료특강 때는 100명이 줄을 서기도 한다. 진작 시작했다면 어땠을까? 다른 예비 작가가 브런치에서 책을 내듯, 오픈 채팅방 덕분에 나도 책을 먼저 쓸 수 있지 않았을까?

누구나 작가가 될 수 없다는 말도 고정관념이다. 그 고정관념을 깨기 위해 나는 오늘도 책을 쓰고 강의를 한다. 또 하나의 고정관념은 책이 나오기만 하면 책이 잘 팔릴 것이라는 착각이다. 또 성공할 수 있다는 착각이다.

하루에 수많은 책이 나온다. 즉 수많은 작가가 태어난다. 하지만 반짝하고 사라지는 작가와 강사가 더욱 많다. 착각했기 때문이다.

책이 나오는 것은 끝이 아니라 시작일 뿐이다. 그 이후가 훨씬 중요하다. 그리고 더욱 힘들다. 그래서 계속해서 연구하고 공부해야만 한다. 그리고 지금부터 시작해야 한다.

예비 작가에게 '유튜브를 시작하면 좋겠습니다.'라고 전했다.
그분은 그날부터 시작해서 순식간에 구독자 1,000명을 만들었다.
또 다른 분에게는 '브런치를 시작해보세요.'라고 말했다. 그 예비 작
가는 브런치에 글을 쓰면서 어느새 책의 절반인 50페이지를 썼고,
곧 투고할 예정이다. 그 예비 작가들이 책을 낸다면 영상을 보던 구
독자와 또 브런치에서 글을 보던 독자들이 그 책을 더 관심 있게 보
지 않을까?
지금 독자를 만들어야 한다.
지금 1,000명의 팬을 만들어야 한다. 출판사에서 먼저 연락 올지
도 모르니까 말이다.

-5-
한 권의 책이 아니라
한 편의 글을 쓰자

많은 사람들이 우선순위의 중요성을 안다. 하지만 바쁜 삶 때문인지 우선순위를 잊고 산다. 우선순위에 따라 살기만 해도 삶에는 목표가 생긴다. 그리고 그 목표를 순서에 따라 정리하면 계획이 된다. 그 자체만으로도 사람의 삶은 바뀐다.

목표와 계획은 중요하다. 심지어 그것만으로도 상위 3%가 될 수 있다고 말한다. 왜냐하면, 대부분 사람은 목표 자체가 없는 경우가 허다하기 때문이다. 마치 목적지 없이 떠나는 비행기와 같이 말이다.

오늘은 육지에 책 쓰기를 강연하기 위해 비행기를 탄다. 예정된 시간에, 예정된 곳으로 도착한다. 언제, 어디로 가야 할지 명확하기 때문이다. 나도, 또 비행기도 여유롭게 자신의 길을 간다. 목표와 계획이 있기 때문이다.

어떤 사람들은 목표는 있지만, 계획은 없는 경우가 많다. 이는 책 쓰기에서도 마찬가지다. 쉽게 말해 작가가 되고 싶다는 목표는 있지만, 구체적인 계획이 없다는 말이다.

계획이 없을 때 그 목표는 이루기가 힘들어진다. 내가 어디까지 왔는지, 또 어디로 어느 만큼 가야 할지 알 수 없기 때문이다.

어떤 목표가 생기면 일단 10개로 나누는 게 좋습니다.

－'유튜브, 결심하고 포기하는 생활이 반복된다면'

수많은 예비 작가가 책 쓰기에 도전했다가 포기한다. 여러 가지 이유가 있겠지만, 바로 100장이라는 압박감 때문인 경우가 많다. 그래서 브런치나 혹은 블로그를 통해 1장 혹은 2장부터 시작하는 것이 좋다.

"작가님들 하루에 글 1~2장씩 쓸 수 있을까요? 아니면 일주일에 1~2장은 어때요? 대부분의 사람이 '하루에 1~2장은 힘들어도 1주일에 1~2장은 쓸 수 있을 것 같다.'라고 말합니다. 여러분, 그거 아세요? 하루에 1장씩 쓰면 100일이면 여러분의 이름으로 된 책이 나옵니다. 또 1주일에 2장씩만 써도 50주 그러니까 1년이 지나기 전에 여러분은 작가가 될 수 있습니다. 책 쓰기 쉽지 않습니다. 하지만 그렇게 어렵지도 않습니다. 그냥 오늘부터 1장씩, 아니면 반장씩만 써 보세요. 그러다 보면 책이 됩니다."

특강 때마다 하루 1장이 즉 꾸준함이 얼마나 위력이 강한지 말씀해드린다. 하지만 그것도 잠시다. 다음에 다시 만나면 그 1장을 쓴 사람이 거의 없다. 마음먹은 대로 한다는 것이 얼마나 어려운지 늘 절감한다.

'세상은 마음먹기 나름이다.'라고 한다. 하지만 마음만 먹어서는 아무것도 변하지 않는다. 행동하지 않으면 아무런 의미가 없다.

많은 사람이 연초에 많은 결심을 한다. 하지만 1월이 가기 전에 대부분의 결심은 무너진다. 심지어 지금 그 결심을 기억하는 사람도 거의 없을지 모른다. 중요한 것은 지금부터다.

오늘부터 행동해야 내일이 변한다. 그러면 과거조차 변하게 된다.

최근 제주 나무와숲학교에서 중고등학생들을 대상으로 글쓰기 강의를 하고 있다. 처음에는 학생들이 막막해했다. '무엇을 써야 할지, 어떻게 써야 할지 하나도 모르겠어요.'라고 말하는 친구들 앞에서 나는 글쓰기 강의와 여러 질문을 준비했다.

"선생님은 앞으로 여러 가지 질문을 할 겁니다. 하루 만에 책을 다 쓰는 것이 아니라 1주에 한 편씩 초고를 써 볼 거예요. 우선 오늘은 자기소개로 시작할 거예요. 그리고 다음 주부터는 다음의 질문들에 하나씩 답해 볼 거예요.

나무와숲학교가 대안학교 맞죠? 나는 누구이고, 언제, 왜 대안학교에 왔는지 그리고 대안학교에 대해 선생님에게 알려줬으면 좋겠어요. 저는 대안학교에 대해 거의 몰라요. 알려주실 수 있죠? 그리고 만약에 내가 다시 학교를 선택할 수 있다면 그리고 만약 나중에 내가 학교의 교장이 된다면 어떻게 운영하고 싶은지 말해 볼 예정이고요. 그리고 만약에 오늘 수업을 마치고 집으로 돌아가는 길에 기자를 만난다고 생각해볼까요? 대안학교는 수업을 어떻게 하는지, 지금 학교에 만족하는지, 어떻게 이곳에 오게 되었는지, 후회는 없는지 물어본다고 생각해보세요. 할 말이 있겠죠? 그 이야기들을 모아서 책을 낼 거예요. 불가능할 것 같죠? 2~3달 뒤에는 분명 우리는 퇴고하면서 출간에 관해 이야기할 거예요."

어느새 수업을 시작한 지 2달이 되어가는 지금 아이들의 질문은 '인세'에 관한 질문으로 바뀌었다.

"선생님 저희 진짜 책 내는 거죠? 그러면 저희가 12명 정도니까 인세를 어떻게 받게 되나요?"

계산해보니 대략 한 권당 100원이 나왔다. '두 권 팔아야 츄파츕스라도 사 먹을 수 있다.'라며 웃으며 말하던 것이 기억난다.

어느새 2~3달의 시간이 지나는 동안 원고가 쌓이고 어느새 반 권 분량의 글이 나왔다. 초고이기 때문에 살을 붙이고, 퇴고해야겠지만 분명한 건 1권의 책은 힘들다고 생각했지만, 1편씩 쓰다 보니 어느새 한 권 분량이 되어가고 있었다.

한 권의 책에는 대략 40~50개의 목차가 있다. 나의 목표는 하루에 하나의 목차를 완성하는 것이다. 잘 써지는 날은 두 편을 완성하지만, 많은 날 하나도 완성하지 못하기도 한다. 하지만 정해진 시간에는 꼭 그 자리를 지키고, 도저히 안 써지면 발췌독서법과 메모 독서법으로 독서를 한다. 그러다 보면 생각하지 못했던 문장들을 만나고 다시 글을 쓴다.

한 번에 다 쓰려고 했다면 아마 진즉에 포기했을 것이다. 하지만 하루에 목차 하나라는 작은 목표로 시작하기 때문에 큰 두려움 없이 시작할 수 있다.

무라카미 하루키는 매일매일 20매의 원고를 쓴다고 한다. 20매의 원고라는 말이 참 쉬워 보일 수 있다. 하지만 나는 세상에서 가장 어려운 것 중의 하나가 반복이라고 생각한다. 어느 순간 지겨워지고, 어느 순간 하기 싫어진다. 무라카미 하루키 역시 매일매일 같은 양의 원고를 쓰는 것이 쉽지는 않을 것이다. 그럼에도 불구하고 꾸준한 글쓰기로 마침내 세계적인 베스트셀러를 만들어내는 것이 아닐까?

오늘도 나는 정해진 시간에 책을 쓴다. 그리고 써지지 않으면 독서를 한다. 그것도 못 하겠으면 유튜브 영상을 본다.

유시민 작가의 영상, 강원국 작가의 영상 등 책 쓰기와 글쓰기에 관련된 수많은 영상을 보며 필기한다.

어느새 내가 본 것이 또 내가 쓴 것이 내 책에 그리고 내 강의에 녹아든다. 그리고 어느새 한 편의 글을 마친다. 그리고 그들이 모여 책이 된다.

'하루에 2.5장씩 글을 쓰다 보니 책이 되었다.'라고 말하던 12살 작가의 말처럼, 쓰다 보면 책이 된다.

오늘 한편의 글을 쓰자. 시간이 지나면 한 권의 책이 될 것이다.

-6-
모델북을 따라 하면 된다

"작가님, 책을 좀 쉽게 쓰는 방법이 없을까요?"

정말 많이 듣는 질문 중 하나이다. 사실 나도 늘 책 쓰기가 쉬운 것은 아니다. 어느 30년 경력의 작가도 다음과 같이 토로한다.

"30년 동안 글을 썼지만, 여전히 막막하고 무엇을 써야 할지 모를 때가 있습니다."

30년 경력의 전문작가도 힘들어하는데, 처음 글을 쓰는 사람은 당연히 어렵지 않을까? 또 그 어려운 글을 베스트셀러로 만드는 것은 더 어렵지 않을까?

말했듯이 하루에 200여 권이 넘는 책이 나오고 있다. 그중에서 대부분은 1쇄도 팔지 못한다. 그만큼 출판시장은 쉽지 않다. 하지만 그 와중에도 어떤 책은 많은 사람의 사랑을 받고 베스트셀러가 된다. 그리고 스테디셀러가 된다.

왜 어떤 책은 잘 팔리고, 어떤 책은 잘 팔리지 않을까? 어떻게 해야 잘 팔리는 책, 베스트셀러를 쓸 수 있을까? 기존에 나왔던 베스트셀러를 보면 도움이 되지 않을까?

베스트셀러가 왜 잘 팔리는지, 어떤 분야가 잘 팔리는지 연구하면 어떤 책을 쓰면 좋을지 어느 정도 알 수 있다. 왜냐하면, 분명 그 책이 베스트셀러가 된 것은 이유가 있기 때문이다. 그 원인을 알면 그 결과도 예측할 수 있지 않을까?

사실 나는 베스트셀러를 잘 읽지는 않는다. 읽고 실망한 책들이 많기 때문이다. 하지만 책 쓰기 코치를 하면서 조금은 다른 시선으로 그 책들을 대하게 되었다. 제목이 남다르든, 표지가 색다르든, 유명한 작가의 책이든, 읽기 좋은 책이든 분명한 이유가, 그 원인이 있을 것이기 때문이다.

가능하면 베스트셀러를 모델북으로 하면 좋지만, 반드시 베스트셀러일 필요는 없다. 자신이 읽어보고 좋았던 책을 '모델북'으로 하면 책 쓰기가 쉬워진다. 따라 할 수 있는 '모델북'이 있다면 책의 구성 방식이나 전개 방식 등을 배울 수 있기 때문이다.

중요한 것은 내용이다. 그런데 많은 예비 작가가 어떻게 글을 시작하고 마쳐야 할지를 몰라서 시작조차 하지 못하는 경우를 수없이 봤다. 그런데 이런 상황에서 글쓰기 틀이 있으면 어떨까? 그 틀에 맞춰서 내용만 쓸 수 있다면 글쓰기가, 책 쓰기가 훨씬 쉬워지지 않을까?

이번 해에 처음으로 신문 기자로 활동할 기회가 있었다. 첫 기사를 쓰고 나자 담당자가 말했다.

"와! 작가라서 그런지 정말 잘 쓰셨네요."

하지만 내가 작가라서 잘 쓴 것이 아니었다. 나는 템플릿을 활용했을 뿐이었다. 템플릿이란 바로 다른 기자들이 썼던 글이었다.

기사를 쓰기 전에 다른 기자들이 썼던 기사문들을 훑어봤다. 기사들을 훑어보자 어느 정도 틀이 나왔다.

'아! 이렇게 쓰면 되겠구나!'라는 생각과 동시에 타이핑을 치기 시작했다. 아마 20분도 채 걸리지 않았던 것 같다.

내가 작가이기 때문이 아니다. 내가 글을 잘 쓰기 때문이 아니다. 틀이 있었기 때문이다. 이렇게 글을 쓰는 것은 누구나 배울 수 있다. 누구나 할 수 있다. 어려웠다면 그저 틀이 없었고, 그 틀을 이용하지 못했기 때문이다.

무에서 유를 창조하기는 쉽지 않다. 아무것도 없는 상태에서 무엇인가 하기는 어렵다. 하지만 어느 정도 틀이 있고, 그 틀을 따라 하기는 쉽다. 책 쓰기 코칭 때도 늘 강조하는 말이 있다.

"여러분이 읽고 싶고 쓰고 싶은 모델북을 찾으세요. 그러면 책 쓰기가 훨씬 수월해질 겁니다."

　좋은 학생이 좋은 교사가 되듯이, 좋은 독자가 좋은 작가가 된다. 좋은 문장을 보다 보면 어느새 자기도 모르게 그 문장을 쓰게 되거나 혹은 비슷하게 각색해서 쓰게 된다. 기업에서 경쟁자를 벤치마킹하듯이, 예비 작가는 좋은 글을, 또 좋은 책을 벤치마킹하는 것이다. 자동차에 연료가 필요하듯, 작가가 되고 싶다면 독서가 필수다.
　나는 오늘도 책을 읽는다. 좋은 책을 쓰고 싶기 때문이다. 좋은 작가가 되고 싶기 때문이다.

−7−
벤치마킹하면
책 쓰기가 쉬워진다

가끔 이해가 잘되지 않는 문장을 만날 때가 있다. 이해가 잘 안 된다면 무엇이 문제일까? 바로 말의 순서 즉 글로 말하자면 논리 전개 방식이 잘못되었기 때문이다. 많은 책을 읽으면서 배울 수 있는 것 중 하나가 바로 논리 전개 방식이다.

어떤 책은 읽기 편하다. 큰 노력 없이도 이해가 잘 된다. 작가는 글을 그렇게 써야 한다. 독자가 힘들게 책을 읽게 해서는 안 된다. 책을 읽는 데 힘이 든다면 굳이 독자들이 그 책을 읽을까?

여러분의 책을 읽는 사람이 초등학생 6학년쯤 된다고 생각하며 글을 써야 한다.

우리나라에는 책 읽는 사람이 점점 줄고 있다. 그리고 글을 읽고 이해하는 문해력이 상당히 낮다고 한다. 그런데 만약 글이 읽기 힘들다면 과연 그 글을 이해할 수 있을까? 아니 읽으려고는 할까?

나는 강의를 준비하면서 망고보드나 미리캔버스라는 사이트를 주로 이용한다. 강의 PPT를 쉽고 빠르게 만들 수 있기 때문이다. 무엇보다 전문적으로 만들 수 있다. 얼마 전에는 예쁜 청첩장을 만들고 사람들에게 질문했다.

"청첩장 예쁘죠? 제가 이거 만드는 데 얼마나 걸렸을까요?"

하루, 12시간, 6시간 등 제각각의 대답이 돌아온다.
누가 봐도 전문적으로 보이는 청첩장에 내 이름까지 있으니 누구도 의심하지 않고 오랜 시간 걸렸을 것이라고 생각했다. 하지만 내 대답을 들은 사람들은 충격에 빠진다.

"8초 걸렸습니다. 다운로드까지 포함해도 20초가 안 걸렸습니다."

아마 망고보드나 미리캔버스를 아는 사람은 '당연한 것 아니야?'라고 했겠지만, 강의할 때마다 놀라는 사람이 많다. 어떻게 그런 일이 가능했을까? 바로 틀이 있었기 때문이다.
앞서 모델북을 찾으라고 했던 이유도 똑같은 이유다. 마음에 드는 작품이나 작가를 모방하면서 논리를 전개하는 방식을 배우는 것이다.

강원국 작가가 강준만 교수의 칼럼을 모방하며 글쓰기 실력을 길렀던 것처럼 여러분도 여러분이 좋아하는 작가나 그 글을 모방하면 좋은 글을 쓸 확률이 높아진다.

붕어빵을 만들어 본 적이 없어도, 붕어빵틀에 재료를 넣으면 보기 좋은 붕어빵이 나오는 것처럼 좋은 글을 벤치마킹하자. 그럴듯한 글이 나온다. 그리고 내용을 충실하게 준비하면 훌륭한 글이 될 것이다.

사실 내용이 더 중요하다. 틀은 도구일 뿐이다. 하지만 그 틀 때문에 많은 예비 작가가 고통받는다. 심지어 시작조차 하지 못한다

하지만 여러분이 읽고 있는 책을 포함해서 수많은 책에는 이미 힌트가 있다. 틀은 어느 정도 정해져 있다. 일단 시작하자. 그러면 글이 또 다른 글을 초대한다.

첫 문장을 포함하는 서론뿐만 아니라 본론 그리고 결론에도 틀이 있다. 바로 책들이다.

책을 읽으며 좋은 문장을 수집해서 문장 부자가 되는 동시에 좋은 틀을 수집하자. 틀과 내용이 있다면 책 쓰기는 생각보다 어렵지 않다.

그리고 또 당부하고 싶은 말은 첫 문장에 목숨 걸지 않았으면 한다. 한 베스트셀러작가의 이야기를 들은 적이 있다. 심리학 분야의 책을 썼는데 마감 당일까지 단 한 글자도 쓰지 못했다고 한다. 마지막 날 첫 문장으로 쓸 문장이 떠올랐고 그날 바로 한 권의 책을 써

내려갔다고 한다.

글을 잘 쓰는 사람도 첫 문장이 두렵다. 어떻게 시작하면 좋을지 막막하다. 첫 문장이 그만큼 중요하기 때문이다. 제목에 이끌려 책을 산 독자들은 첫 문장이 재미없으면 책 읽기를 포기한다.

나는 결론부터 쓴다. 첫 문장부터 시작하는 경우는 잘 없다. 그저 쓰고 싶은 내용을 주욱 늘어놓는다. 쓰다 보면 첫 문장으로 쓰면 좋은 문장들이 떠오른다. 그리고 다시 문장을 배열하고 한 편의 글을 완성한다. 어쩌면 글이라는 것은 내가 말하고자 하는 바를 잘 배열하는 게 아닐까?

오늘도 마음에 드는 문장과 틀을 수집한다. '다음에 이렇게 쓰면 좋겠다.'라고 말하며 책에 그리고 노트에 따로 정리한다.
내 SNS에 또 다음 책에 고스란히 그 문장과 틀이 담긴다. 내용은 당연히 바뀌어서 말이다.
사업을 가장 쉽게 또 성공적으로 하는 방법의 하나가 벤치마킹이라고 한다. 책 쓰기도 마찬가지다. 좋은 책과 그 논리 전개 방식을 벤치마킹하자. 자신도 놀랄 만한 글을 쓰게 된다. 어느새 좋은 책을 쓴 좋은 작가가 된다.

─ 8 ─
잘 읽히는 책의 비밀

짧은 영상을 본 적이 있다. 작가의 이야기보다 사회자의 반응을 보면서 참 많은 생각을 했다. 사회자는 작가가 말을 할 때마다 '너무 당연한 이야기 아니에요?'라며 반문했다.

예비 작가들의 글을 탈고하다 보면 '이 글을 왜 굳이 여기에 넣었지?'라고 생각되는 부분을 자주 발견한다. 다른 곳에 넣거나 혹은 아예 빼버리면 훨씬 문장이 좋아질 것 같은데, 길어지다 보니 뜻도 불분명해지고, 읽기에도 어려운 글이 된다. 그래서 나는 수업 시간 때마다 '단문으로 쓰세요.'라고 외친다. 단문으로만 써도 문장이 바뀌기 때문이다. 무엇보다 이해가 잘 된다.

처음에는 단문이 좋은 것은 알았지만, 그 이유까지 정확히 알지는 못했다. 하지만 '미움받을 용기' 등 초대형 베스트셀러를 썼던 고가 후미타케 작가의 '작가의 문장수업'을 읽고 그 이유를 깨닫게 되었다. 바로 단문 즉 구두점이 많을수록 독자들이 읽기 쉬워한다는 것이다. 그리고 글에는 리듬감이 생긴다고 한다.

다른 글쓰기 방법을 배우기 전에 가장 먼저 해야 할 것이 있다면 바로 단문 쓰기다. 단문으로만 써도 많은 것이 변한다.

많은 작가들도 글쓰기에서 가장 중요한 것을 단문 쓰기라고 말한다.

말을 할 때도 장황하게 말하는 사람보다 단문으로 말할 때 사람들은 더 잘 이해한다. 책도 마찬가지다. 장문으로 쓰면 이해하기 힘들다. 무엇보다 작가 본인도 쓰기 힘들다. 말이 길어지면서 장황하게 말하게 되기 때문이다. 강조하고 싶은 내용을 강조하지 못하게 된다. 읽어도 무슨 내용을 읽었는지 기억 못 하게 된다. 그래서 늘 말한다.

"단문이 답이다."
"무조건 단문으로 쓰세요."

말한 대로 그렇게만 해도 많은 경우 문장이 좋아진다. 심지어 본인이 쓴 글을 못 알아보는 예도 있었다.

"작가님이 탈고를 해주셨나 봐요? 문장이 이해도 잘 되고 읽기도 편하네요."

"아니요, 선생님이 쓴 문장에 마침표만 몇 개 더 찍었습니다."

책을 쓸 때 두 부류의 사람을 만난다. 한 부류는 할 말이 없고, 한 부류는 할 말이 많다. 할 말이 없는 경우는 컨설팅을 통해서 할 말을 찾아낸다. 5년 전 혹은 10년 전 과거의 자신에게 혹은 자신의 자녀에게 할 말이 없는 사람은 거의 없다. 과거의 자신에게 혹은 자신의 자녀에게 조언하거나 당부하고 싶은 말을 글로 쓰면 훌륭한 책이 된다. 그 시기를 지나는 사람에게 또 자녀에게도 큰 선물이 되지 않을까?

오히려 힘든 경우는 할 말이 많은 경우다. 이것도 쓰고 싶고, 저것도 쓰고 싶어서 시작하지 못한다. 최대한 많은 것을 한 책에 담으려고 한다. 그러다 보니 문장도 길어지고, 초점도 흐려진다. 무슨 말을 하는지 본인도 헷갈리고, 독자도 헷갈린다.

자기가 어떤 글을 쓰고 싶은지 또 누구에게 말하고 싶은지를 끝까지 잊지 말고 써야 한다. 그리고 반드시 단문으로 써야 한다.

"그건 너무 당연히 이야기 아니에요?"

작가의 설명에 사회자의 반문이 참 많이 인상 깊었다. 그리고 한 마디 덧붙인다.

"누구나 다 아는 이야기네요?"

글을 잘 쓰는 법, 영어를 잘하는 법, 살 빼는 법은 쉽다. 그리고 그 대로만 하면 반드시 결과가 나온다. 하지만 사람들은 끝까지 유지하지 못한다. 당연하다고 말하면서 그 당연한 것을 하지 않는다.

아는 것과 행동하는 것은 참 다르다는 것을 자주 깨닫는다. 당연한 이야기다. 하지만 누구나 하기는 힘들다.

-9-
글을 쓰는 순간부터
작가가 된다

수많은 사람이 처음부터 작가가 아니었다. 아니 처음부터 작가인 사람은 없다. 글을 쓰는 순간부터 작가가 되는 것이다. 내가 처음 작가가 된다고 했을 때 주위의 사람들은 어떻게 말했을까?

"와! 대단하다. 네가 작가라니! 네 책이 얼른 나왔으면 좋겠다."

이렇게 말할 줄 알았다. 하지만 현실은 그렇지 않았다.

"뭐? 네가 작가라고? 꿈 좀 깨라. 요새 작가는 아무나 하니?"

실제로 책이 나오면 그들의 반응이 달라질 것으로 생각했다. 하지만 그런 일은 없었다.

"요새는 개나 소나 책을 쓸 수 있구나?"

이렇게 말하는 데 더 할 말이 없었다.

나만이 겪는 문제가 아니다. 다른 예비 작가들도 '작가가 된다.'라고 말하면 주위에서 수많은 비난을 받는다고 한다.

"적당히 회사나 다녀."
"적당히 좀 살아라."

이런 비난을 한다고 한다. '적당히'라는 단어를 들을 때마다 기분이 좋지 않다. 왜 그렇게 말하는 걸까? 하고 싶은 일을 하며 사는 것이 좋지 않을까? 살고 싶은 대로 사는 것이 좋지 않을까?

그리고 '적당히 회사나 다녀.'라는 말도 참 맞지 않는다. 코로나 이전에도 그랬지만 많은 기업이 희망퇴직을 추진 중이다. 30~40대에게도 희망퇴직 권고가 내려온다. 그 이후에는 새로운 직업을 가지기 어렵지 않을까?

20살 때부터 현재까지 정말 많은 곳에서 일했다. 하지만 늘 느끼는 것은 이 생활이 영원하지 않을 것이라는 확신이었다. 하루하루 열심히 살았지만, 보상은 적었고, 안정된 생활도 아니었다.

공병호 소장은 아주 열심히 일한 대가로 37살에 대기업 임원이 되었다. TV 출연과 기사 딸린 자동차 등 누릴 수 있는 호사도 마음껏 누렸다. 하지만 3년 만에 즉 40세에 돌연 퇴사를 당하게 된다. 불러줄 곳이 많을 줄 알았지만, 단 한 군데에서도 연락이 없어서 스스로 강연을 찾아 나섰다. 돈을 아끼기 위해 마을버스와 지하철을 타며 이동을 했다고 한다. 그리고 회사는 언제든지 나를 내보낼 수 있으며, 그것이 조직이라며 말한다. 이런 상황에서 미래를 준비해야 하지 않을까?

'5년 후, 10년 후에도 이 일을 할 수 있을까?'라는 질문을 한 적이 있다. 아무리 생각해봐도 그 미래가 불분명했다. 그 질문의 끝에 나는 강사와 작가라는 답을 찾았다.

하고 싶은 일을, 하고 싶은 만큼만 하면서도, 시간적으로도 또 경제적으로도 자유로운 삶을 살고 싶었다. 주위에서는 불가능하다고 말했지만 내가 알기로는 충분히 가능해 보였다. 다만 시간이 좀 걸릴 뿐이었다. 그러나 그만큼의 가치는 충분히 있어 보였다.

'파이프라인 우화'라는 책이 있다. 물통을 나르는 두 사람이 나온다. 여기서 물통을 나른다는 의미는 회사 생활을 생각하면 좋을 듯하다.

한 사람은 계속해서 물통을 날랐다. 수입도 늘어나는 듯했지만, 결국 과로로 쓰러진다.

한 사람은 물통을 나르는 것이 아니라 중간에 파이프라인 즉 물이 통하는 길을 만들려고 한다. 그 시간은 몇 년이 걸릴 만큼 어렵고 힘들었다.

주위 사람들은 비웃었다. 하지만 많은 시간이 지난 후 그는 일하지 않아도 돈을 버는 사람이 되었다. 왜냐하면, 파이프라인을 통해서 24시간 물이 흘러가기 때문이다. 심지어 그는 이제 일할 필요도 없었다. 이 책의 저자는 말한다.

> "물통을 나르는 것을 당연하게 생각하는 세상이기 때문에 그 꿈을 이루는 사람은 극소수인 것 같습니다."

작가가 된다는 것이 바로 그 파이프라인을 만드는 것이다. 그리고 작가가 되면 수많은 기회가 찾아온다. 만날 수 없었던 사람들을 만나게 된다. 그리고 내가 살아왔던 이야기로 남에게 희망을 선물할 수 있다. 생각만 해도 가슴이 뛰지 않는가?

하지만 절대 쉽지 않은 길이다. 그 꿈을 이루는 사람은 극소수이기 때문이다. 그래도 시간이 얼마나 걸리더라도 충분히 해볼 만한 일이다. 그만큼 가치 있는 일이기 때문이다.

남들의 의견은 무시하고 작가에 도전해보면 어떨까?

> "누군가의 의견은 자네의 현실이 되지 않는다네."
>
> – 레스브라운

처음부터 작가인 사람은 없다. 하지만 누구나 될 수 있다. 최근 아는 분이 책을 출간했다. 책을 3권이나 썼지만 모두 거절당하고, 최근에 쓴 4번째 원고만 출간했다고 한다. 만약 이 사람이 포기했다면 작가가 될 수 있었을까?

'하루 1시간 독서 습관'을 쓰며 3번을 포기했다. 주위에서 말하는 비난과 스스로 드는 생각을 이겨내기 힘들었다.

'지금 하는 일이나 열심히 할까?'
'내가 진짜 원하는 작가가 될 수 있을까?'

불안한 생각이 들었다. 하지만 결국 작가가 되었고, 지금은 전국으로 독서법과 책 쓰기 그리고 동기부여 강연을 다니는 강사가 되었다.

다시 한번 강조하고 싶다.
처음부터 작가인 사람은 없다.
1년 전의 나는 그저 평범한 직장인이었다. 하루 1시간 독서, 그리고 하루 1시간 책 쓰기를 계속했다. 그리고 작가가 되었다. 지금은 퇴직을 준비하며 더 많은 시간 책을 쓰고 강의를 하고 있다. 이 시간이 행복하기 때문이다. 말하는 대로 살고 있기 때문이다.
수많은 사람이 평범하게 살려고 한다. 1년 전의 나처럼.
하지만 마음만 먹으면 누구나 새로운 제2의 삶을 살 수 있다. 그 시작이 독서, 그리고 책 쓰기가 되었으면 한다. 누구나 할 수 있기 때문이다.

처음부터 작가는 없기 때문이다.

- 10 -
책을 쓰면서
전문가가 된다

50권씩 3년을 읽으면 그 분야의 전문가가 되고

50권씩 5년을 읽으면 전국적인 전문가가 되고

50권씩 7년을 읽으면 세계적인 전문가가 됩니다.

– 브라이언 트레이시

가난한 집에서 태어났고 또 부모의 지원 없이 자랐던 브라이언 트레이시는 많은 실패를 경험한다. 하는 일마다 잘리게 된다. 어쩌다 자동차 세일즈를 하게 되었지만, 실적은 바닥. 하지만 독서를 통해서 탑세일즈맨이 되고, 심지어 해외 판매까지 맡게 된다. 그 비결이 바로 '독서'였다.

무능했던 세일즈맨이 독서의 힘으로 세일즈 전문가가 되었고 지금은 세계적인 동기부여가가 되어서 세상을 움직이고 있다.

고명환 작가의 예도 빠질 수 없다. 손대는 사업마다 망해서 별명은 '마이너스의 손'. 그러다 책이 시키는 대로 해보기로 한다. 그리고 그 이후부터는 전혀 새로운 삶을 살게 된다. 연 10억 매출의 메밀국 숫집을 운영하는 것은 물론 삶의 문제가 생길 때마다 독서로 그 문제를 해결했다고 한다.

책이 '마이너스의 손'을 전문가로 만든 것이다.

"저는 여러분들 앞에서 아무 말할 자격이 없습니다."

내가 강연 때마다 자주 하는 말이다. 그 이유는 아래와 같다.

"오늘 여러분들께만 고백합니다. 부끄럽지만 말씀드리겠습니다.

저는 책 쓰기 전문가가 아니었습니다. 단지 책 쓰기와 관련된 책 150권을 읽고 수많은 강연을 들었습니다. 독서 덕분에 두 번째 책 '평생직장은 없어도 평생 직업은 있다'를 쓰기 전부터 책 쓰기 출강 및 책 쓰기 코칭을 할 수 있었습니다.

그리고 저는 독서법 전문가도 아니었습니다. 독서법과 관련된 책 100권과 수많은 강연을 들었습니다. 또 현재까지 2,000권에 가까운 책을 읽었습니다. 아직도 배우는 중입니다.

또 저는 전문 강사가 아니었습니다. 여전히 사람들 앞에서 말하는 것을 두려워하는 평범한 직장인입니다. 그런데 제가 어떻게 앞에서 발표하고 있을까요? 대본을 보고 하기 때문입니다. 그렇죠? 여러분도 보고 읽는 건 할 수 있으시죠?

저는 연습했습니다. 꾸준히. 오늘 강의 10분 전까지도 대본을 보면서 연습했습니다. 여러분, 이런 제가 작가가 되었다면 또 강사가 되었다면 여러분도 할 수 있지 않을까요?"

1년 전의 나는 전문가가 아니었다. 그저 평범한 직장인이었다. 하지만 그때부터 책을 읽기 시작했다. 그때부터 점점 전문가가 되어가고 있었다.

한 권, 두 권 책을 읽을 때마다 지식이 늘어나고 할 말이 생겼다. 독서에 대한 안목이 생기기 시작했다.

독서를 하면서부터 독서를 왜 해야 하는지, 어떻게 독서를 해야 하는지, 어떤 책을 읽어야 하는지 생각하게 되었다. 그리고 그 질문들에 대답하면서 첫 번째 책을 완성했다. 무에서 시작해서 책이라는 결과물을 만들어냈다.

책은 전문가가 쓰기도 한다. 하지만 책을 쓰면서 전문가가 될 수도 있다.

'미생'이라는 웹툰이 있다. 윤태호 작가는 회사 생활을 해본 적이 없지만, 회사원을 인터뷰하고 또 회사원에 관련된 자료를 조사하면서 회사의 모든 것을 보여줬다는 미생을 제작했다.

어떻게 회사 생활을 한 번도 해본 적이 없던 사람이, 회사에 대해 그렇게 잘 알고 또 많은 사람의 공감을 얻을 수 있었을까? 바로 자료였다.

'국화와 칼'이라는 책이 있다. 일본을 다룬 가장 객관적인 책으로 손꼽히는 고전이다. 놀라운 것은 '루스 베네딕트'라는 미국 작가가 썼다는 사실이다. 더 놀라운 것은 일본을 단 한 번도 방문하지 않았다고 한다. 철저하게 자료로만 책을 썼지만, 손꼽히는 고전이 되었다.

"책을 쓰려면 책을 읽어야 합니다."

책 쓰기 코칭을 진행하면서 늘 강조하는 말이다. 때로는 다음과 같은 질문을 받기도 한다.

"작가가 되고 싶어서 왔는데, 꼭 책을 읽어야 하나요? 저는 책 읽을 시간이 없습니다."

그 말을 백분 이해할 수 있다. 나도 처음에는 이해가 가지 않았으니 말이다. 하지만 앞서 말했던 것처럼 좋은 독자가 좋은 작가가 된다. 책을 잘 읽지 못하면 잘 쓸 수도 없다. 그래서 늘 다음과 같이 말한다.

"책 쓰는 게 어려울까요? 책 읽는 게 어려울까요? 둘 중에 무엇이 시간이 더 많이 걸릴까요? 책 읽을 시간이 없다면, 책 쓸 시간은 있을까요?"

당연히 책 읽을 시간이 없는 사람은 책을 쓸 시간도 없다. 책을 쓰고 싶다면 꼭 책을 읽었으면 한다.

1. 그 분야의 책을 읽는다.
2. 자연스럽게 그 분야의 전문가가 된다.
3. 그 분야의 책을 쓴다.
4. 그 분야의 퍼스널 브랜딩이 된다

- '평생직장은 없어도 평생 직업은 있다', 황준연

책을 읽으면 자연스럽게 전문가가 된다. 그래서 작가가 되고 싶다면 반드시 독서를 해야 한다.

내가 모르는 분야를 알고 싶을 때 사람들은 흔히 전문가를 찾는다. 그 전문가와 이야기를 나누다 보면 어느 정도 그 분야에 대해서 알게 된다. 이렇게 수십 명, 수백 명의 전문가를 만나면 어떤 일이 생길까? 자연스럽게 그 분야의 전문가가 되지 않을까?

책 쓰기도 마찬가지다. 책을 읽다 보면 자연스럽게 그 분야의 전문가가 된다. 여러 전문가의 지식과 지혜가 압축된 책들을 읽는데 오히려 당연한 것이 아닐까?

어떤 분야를 잘 알고 싶은가? 그 분야의 책을 읽어야 한다.
어떤 분야의 책을 쓰고 싶은가? 그 분야의 책을 읽어야 한다.
자연스럽게 쓸 것이 생길 것이다.

다시 한번 강조하고 싶다. 나는 전문가가 아니었다. 단지 독서를 했을 뿐이다.

그 독서를 통해 전문가가 되었다.

그리고 이것은 누구나 가능하다. 쉽게 말해 누구나 작가가 될 수 있다는 뜻이다.

예비 작가들은 빨리 쓰려고만 한다. 하지만 가장 빨리 작가가 되는 비결은 많이 읽는 것이다. 읽어야만 쓸 수 있기 때문이다.

책을 쓰면서 전문가가 된다는 말은 바꾸어서 말하면 책을 읽어야 전문가가 된다는 뜻이다.

작가가 되고 싶다면 꼭 독서를 해야 한다. 어느 순간 전문가가 될 것이다.

− 11 −
책 쓰기는 새로운
삶에 눈뜨게 한다

"작가님 저도 책을 쓸 수 있을까요?"

과연 어떤 사람이 책을 쓸 수 있을까? 전문가만 책을 쓸 수 있을까? 글을 잘 써야만 작가가 될 수 있을까? 만약에 그 말이 사실이라면 나는 작가가 될 수 없었을 것이다.

아마 책 쓰기 수업을 하면서 가장 많이 질문 중 하나가 바로 "작가님 저도 책을 쓸 수 있을까요?"이다. 1,000명을 넘게 만났지만, 질문은 늘 한결같다. 아마 많은 사람이 책 쓰기에 큰 두려움을 가지고 있는 것 같다. 당신은 어떤가?

강의 때마다 늘 강조하듯이 나는 평범한 사람이었다. 아니 29살에 군대를 막 제대한 고졸, 무스펙 청년에게 평범하다는 말은 좀 과분

한 것 같다. 평범하다 못해 거의 망한 사람이었다. 하지만 내가 책을 쓰자 대우가 달라졌다. 많은 분이 국어국문학과를 나와서 그렇다든지, 아주 예전부터 독서를 좋아했거나 글쓰기에 소질이 있었다고 오해했다.

하지만 등록금 문제로 학교에서 퇴학을 당했다. 말 그대로 졸업이 아니라 강제로 나왔다. 심지어 2학년 1학기까지만 다녔고, 성적은 최하위였다. 국문학과의 영향은 전혀 없다고 봐야 한다. 독서도 좋아하지 않았다. 1년에 5권도 안 읽었던 것 같다. 본격적으로 책을 읽기 시작한 것은 2년도 채 되지 않았다. 책을 쓰기 위해 책을 읽었다. 아마 그 이유가 아니었다면 독서량도 형편없었을 것이다. 글쓰기도 마찬가지다. 제대로 된 상 한번 타본 적이 없었다. 책과는 전혀 가깝지 않은 삶을 살았다. 그래서 자신 있게 말하고 싶다.

"제가 썼다면 여러분도 충분히 가능합니다."

나의 첫 책 쓰기 코칭이 생각난다.

"책 쓰기 가르쳐주세요. 저도 작가가 되고 싶습니다."

그 말을 시작으로 그 예비 작가는 3달도 되지 않아 작가가 되었다. 하지만 그 3달 동안 10번은 고민했다.

230

"저 책 못 쓸 것 같아요. 전 자격이 없는 것 같아요. 저 책 안 쓰면 안 되나요?"

그 와중에도 독서와 글쓰기는 쉬지 않았다. 그리고 그 글들이 모여, 그 기록들이 모여 한 권의 책이 되었다. 그 이후에도 저자로서 라디오 출연, 여러 강의 등으로 바쁘게 삶을 살고 있다. 하지만 단 몇 개월 전만 해도 그녀는 평범한 과외 강사였다.

'평범함'이라는 꼬리표를 달고 있는 수많은 사람을 만났다. 블로거, 강사, 주부, 직장인, 1인 기업가, 고등학생까지. 하지만 지금은 그 꼬리표를 떼고 작가로 거듭나기 위해 오늘도 글을 쓰고 있다. 언제일지는 알 수 없지만 분명한 건 어느 순간 그들은 작가라는 새로운 이름으로 나타날 것이다. 각자의 속도로, 각자의 이야기로.

"저도 책을 쓸 수 있을까요?"

이 질문이 있는 수많은 사람을 만났다. 사실 나조차도 참 많이 했던 질문이다.

'내가 과연 책을 쓸 수 있을까?'
'고졸인 내가 책을 쓸 수 있을까?'
'내가 책을 쓰면 누가 보기나 할까?'

그 말에 화답이라도 하듯 주위 사람들은 말했다.

'요새는 책 아무나 쓰는 거야?'
'네가 무슨 책을 쓰냐?'
'좀 평범하게 살아라.'

하지만 나는 평범하게 살고 싶지도 않았다. 내가 말하는 대로 살고 싶었다. 그리고 나는 작가가 되었다.
다시 한번 묻고 싶다.

'평범한 사람이 작가가 될 수 있을까?'.
'직장인이, 주부가, 고등학생이, 지금 이 글을 읽는 당신이 작가가 될 수 있을까?'

각 분야의 전문가와 유명한 사람들 그리고 다양한 우여곡절을 가진 사람들이 책을 낸다. 하지만 평범한 사람도 책을 낼 수 있다. 심지어 가장 많은 베스트셀러를 내는 사람들이 바로 평범한 사람이다. 세상에는 평범한 사람들이 더 많기 때문이다. 평범한 사람은 평범한 사람만이 이해할 수 있기 때문이다.

분명 오늘도, 내일도, 그리고 모레도 새로운 작가가 탄생할 것이다. 그 사람들도 처음에는 누군가에게 또 자신에게 물었을 것이다.

"저도 책을 쓸 수 있을까요?"

그리고 그렇게 작가가 되었을 것이다.

어떤 사람이 책을 쓸 수 있을까? 사실 누구나 책을 쓸 수 있다. 다만 방법을 모를 뿐이다. 그리고 계기를 못 만났을 뿐이다.

지금부터 책을 쓰는 방법을 알려주려고 한다. 평범한 직장인이 1년 만에 2권의 책을 썼던 비결 그리고 지금 여러분이 읽고 있는 세 번째 원고를 쓴 비결을 알려주고 싶다. 그리고 책 쓰기에 도전했으면 한다.

'책을 읽기 전의 나와 책을 읽은 후의 나는 완전히 다르다.'라고 말했던 사람처럼, 책 쓰기도 마찬가지다. 사람을 달라지게 한다. 새로운 삶에 눈뜨게 한다. 그 길을 함께 걸어갔으면 한다.

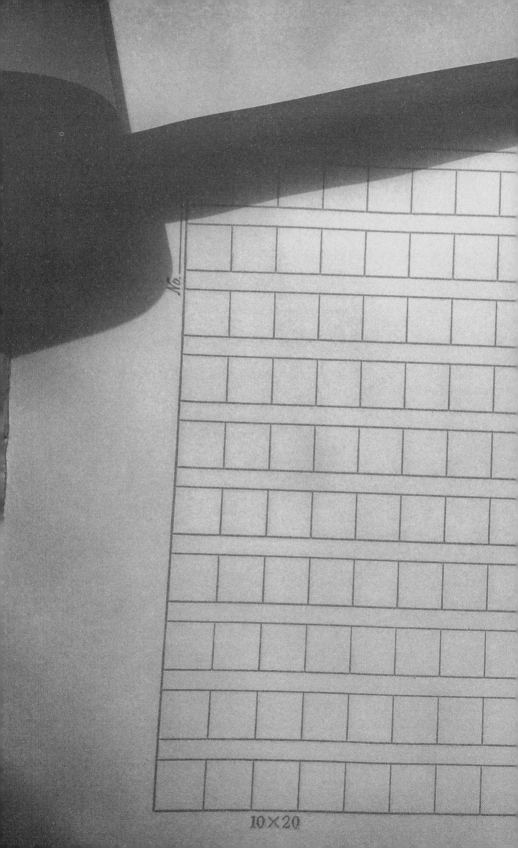

No.

10×20

제 6 장

가슴 뛰는 삶

-|1|-
가슴 뛰는 삶

그의 꿈은 너무나 가까이 다가와 있어서 그걸 놓치는 일은 거의 있
을 수 없어 보였다.

– 위대한 개츠비

예전에 나는 다음 날이 오지 않았으면 하고 바랐다. 하지만 지금
은 내일이 너무 기대된다.

최근 1년 만에 변화가 믿기지 않는다. 앞으로 1년 후, 3년 후가 어
찌 될지 상상이 되지도 않을 만큼 성장하고 있고 달라지고 있기 때
문이다.

내가 꿈이라고만 생각했던 일들을 이루고 또 다음 꿈을 향해 나
아가고 있다. 도저히 가까이 갈 수도 없고 또 이룰 것이라 상상도 못
했지만, 어느새 꿈을 이루고 많은 사람의 멘토로 살아가고 있다.

"황준연 작가님! 1년 만에 이렇게 성장하시다니 깜짝 놀랐습니다. 1년 만에 이렇게 변하셨는데 다음에 뵐 때는 또 얼마나 달라지실까요?"

그 말을 듣고 뒤를 돌아보니 정말 많은 것이 변했다는 것을 깨달았다. 말하는 대로 사는 나를 보게 되었다.

그의 꿈은 너무나 가까이 다가와 있어서 그걸 놓치는 일은 거의 있을 수 없어 보였다.

– '위대한 개츠비'

늘 가슴 뛰는 삶을 살고 싶었다. 하루하루 흥분되는 마음으로 하루를 살고 싶었다. 지금은 그 꿈을 이루었다. 하루하루 가슴 뛰는 삶을 살고 있다. 또 다른 사람의 가슴을 뛰게 만들고 있다. 독서와 책 쓰기를 통해 새로운 제2의 인생을 알려주고 있다.

그 과정에서 많은 사람을 만났다. 새로운 일을 맡게 되고 더 자주 강의 요청과 협업 제안을 받게 되었다. 그럴수록 나는 꿈에 점점 더 가까워지고 있었다. 꿈을 놓치는 일은 거의 있을 수 없어 보였다.

사람들은 종종 현실의 벽에 부딪힌다. 꿈이 눈에 보이지 않고 또 만져지지 않기 때문이다. 그래서 어떠한 형태로든 꿈을 가까이 두어야 한다.

나 같은 경우는 늘 책을 읽고 작가를 만났다.

"저 작가님과 만나고 이야기 나누고 싶다. 저 작가님처럼 책을 쓰고 싶다. 저 작가님처럼 강의하고 싶다."

실제로 제주도에서 하는 강연은 물론 육지에서 하는 강의까지 섭렵하기 시작했다. 코로나로 인해서 더 많은 강의를 들을 수 있었다. 심지어 거의 무료에 가까운 가격에 말이다. 덕분에 더 많은 롤모델을 만날 수 있었다. 꿈이 점점 가까워지는 것을 느낄 수 있었다.

최근 1년 동안 책을 읽고 강연을 들으며 가장 많은 시간을 보냈다. 그리고 그만큼 강의를 하고 책을 썼다. 꿈에 점점 더 가까워지는 것이 당연한 것이 아닐까? 내가 동경하던 멘토들과 더 가까워지는 것이 당연한 게 아닐까?

여러분은 어떤가? 가장 많은 시간과 돈을 어디에 쓰는가? 가장 자주 만나는 사람이 누구인가?

여러분은 어떤 사람과 가장 많은 시간을 보내는가? 그리고 보내고 싶은가? 그 다섯 사람의 평균이 여러분이라는 말을 새겨들었으면 한다.

한 사람만 바뀌어도 평균이 바뀌게 된다. 여러분의 삶이 바뀌게 된다. 두 사람이 바뀐다면, 세 사람이 바뀐다면 어떻게 될까? 여러분의 삶이 이전과 달라지는 것은 불 보듯 뻔하지 않을까?

가슴 뛰는 삶을 살고 싶다면, 그렇게 살아가는 사람들과 시간을 보내야 한다. 그러는 사이 자기도 모르게 그런 삶을 살 수 있게 된다. 그래서 수많은 멘토가 만나는 사람을 바꾸라고 조언한다. 그렇게 되면 정말 많은 것이 바뀌게 되기 때문이다.

걸림돌은 디딤돌이
될 수도 있다

앞에서 말했듯이 나는 27살에 군대에 갔다. 피치 못할 사정이 있었던 것도 아니었고 그저 군대에 가는 것이 두려웠기 때문이다. 내년에는, 내년에는…… 하다 보니 어느새 27살이 되어 있었다.

시간이 뒤로 갈수록 더욱 후회와 두려움은 커졌다. 그 두려움 때문인지 스트레스를 심하게 받았고, 귀에서 소리가 들리는 이명 증상과 심한 어지럼증이 생겼다.

하지만 더 큰 좌절은 군대에 간 이후였다. 나보다 어리지만, 어느 정도 꿈을 이루어가고 있는 친구들을 만났다. 또 아직은 확실한 꿈이 없지만, 그 꿈을 찾아가는 모습과 현재 내 모습이 비교되면서 나는 더욱 큰 스트레스를 받았다. 나에게는 꿈이라는 것도 없었기 때문이다. 현재 나는 어디에 있는지, 어디로 가야 할지 어떤 것도 제대로 알 수 없었다.

나는 내 인생을 실패작이라고 생각했다. 아니 실패작이었다. 분명히 그때까지는 어떠한 희망도 없어 보였다. 하지만 관점을 바꾸었을 때 모든 것이 변하기 시작했다. 내가 그 사실을 숨기지 않고 드러냈을 때 그 걸림돌은 나의 디딤돌로 바뀌었다.

어떤 영화인지 정확히 기억나지는 않지만 한 장면이 생각난다. 시험을 준비하던 한 사람이 다음의 표어를 붙이고 공부를 시작한다.

'여자는 내 인생의 걸림돌'

그러던 그가 우연한 기회에 좋아하는 여성을 만나게 된다. 그리고 그 표어는 어느새 다음과 같이 바뀌게 된다.

'여자는 내 인생의 디딤돌'

상황에 따라서 걸림돌이 디딤돌이 될 수도 있는 것이다.

> 하는 일이 좌절과 실패로 얼룩질 때 그런데도 포기하지 않고 그 불우한 체험을 디딤돌로 바꾸어야 한다. 불우했던 실패작들이 난국을 돌파하는 노하우로 변신할 수 있다.
>
> — '책 쓰기는 애쓰기다.'

34살에 자기 계발서 작가로 데뷔했고, 같은 해에 한 권의 책을 더

242

썼다. 또 책 쓰기 강의와 코칭을 통해 예비 작가들을 돕고 있다. 사람들은 늘 나에게 말했다.

"1년 만에 2권의 책을 쓰시고, 강의도 잘하시고, 이전부터 글쓰기 재능이 있으셨나 봐요. 독서도 1년에 몇백 권을 하신다고 들었는데 대단하십니다."

'그렇습니다.'라고 말하며 얼버무릴 수도 있었지만 나는 나의 상처를 보여주기로 했다. 그래서 더 많은 사람이 희망을 품었으면 했다.

"저는 1년 전까지만 해도 평범한 직장인이었습니다. 책 쓰기는 한 번도 해본 적이 없었던 평범한 직장이었습니다. 한 번도 작가나 강사가 되고 싶다고 생각한 적이 없었습니다. 하지만 이런 저도 작가나 강사가 될 수 있다면 여러분도 될 수 있습니다."

그렇게 말한 이후 더 많은 사람의 지지를 받았다. 나의 부끄러웠던 과거를 밝히면서 환상은 깨졌지만, 더 많은 것을 얻을 수 있었다. 걸림돌이라고 생각했던 나의 과거가 오히려 사람들에게 더욱 다가갈 수 있는 디딤돌이 되었다.

그 외에도 정말 많은 상처가 있었다. 그 상처를 밝히면 밝힐수록 사람들과 나는 더욱 가까워졌다. 오프라 윈프리가 눈물로 자신의 과거를 고백하면서 전 국민의 마음을 얻은 것처럼 나는 만나는 사람들의 마음을 얻을 수 있었다.

　사람들은 실패한 경험을 부끄럽게 생각한다. 하지만 그 경험은 소중하다. 그리고 그 경험이 없었다면 지금처럼 성공하지 못했을지도 모른다. 실패한 경험으로 더 많은 것을 배울 수 있다. 그리고 나중에 그 실패가 다른 의미로 해석되는 경우도 많다. 성장이라는 밑거름으로 말이다.

-|3|-
누구나 주인공의
삶을 살고 있다

"제가 무슨 책을 씁니까? 저는 책을 쓸 자격이 없습니다."

책 쓰기 코칭을 할 때마다 참 아이러니한 순간을 만난다. 바로 조금 전과 같은 답을 들을 때다. 분명히 책을 쓰고자 하는 마음으로 컨설팅을 신청했을 텐데, 대부분 예비 작가의 첫 마디는 비슷하다.

하지만 책을 쓰는 데 꼭 어떤 자격증이 필요한 것은 아니다. 그저 살아온 이야기가 소재가 되고, 현재 그리고 내일 어떤 삶을 살고 싶은지가 글이 된다. 그리고 어떤 분야의 전문가가 책을 쓰기도 하지만, 많은 경우 책을 쓰면서 전문가가 된다.

전문가가 책을 쓰는 것이 아니라 책을 쓰면 전문가가 된다. 평범한 주부도 책을 쓰면 전문가가 된다. 평범한 직장인도 책을 쓰면 전문가가 된다. 나도 독서를 그냥 좋아하기만 했다. 하지만 책을 쓰면서 전문가가 되었다. 당신도 마찬가지다. 책을 쓰면 전문가가 될 수밖에 없다. 책 쓰기는 최고의 자기 계발이다.

- '평생직장은 없어도 평생 직업은 있다', 황준연

다시 말하지만 하루에 200여 권이 넘는 책이 쏟아진다고 한다. 기존 작가들의 책도 있지만, 처음으로 책을 내는, 혹은 지금 이 글을 읽고 있는 예비 작가처럼, 작가가 아닌 사람들의 저서도 늘고 있다.

자신이 평범하다고 생각하는 사람들의 저서도 늘고 있다. 이 말이 사실인지 궁금하다면 오프라인 서점과 온라인 서점에서 저자의 프로필을 검색해보라. 작가와는 전혀 다른 삶을 살아왔지만, 작가가 되는 경우는 이제 흔하다. 전문가가 아니지만 한 권의 책을 써서 전문가가 되는 경우는 이제 흔하다. 책을 쓰는 과정에서 그 분야의 전문가가 되기 때문이다. 책 한 권이 바로 전문가의 명함이 되기 때문이다.

많은 경우 대부분 사람은 자신의 경험을 과소평가한다. 운전할 줄 알거나, 블로그를 만들 줄 알거나, 취직이나 승진하는 방법을 알거나, 좀 더 효율적으로 어떤 일을 하는 것, 그리고 지금 여러분이 읽고 있는 책처럼, 책 쓰기 등 어떤 노하우를 알려주는 등 모든 것으로 사업을 할 수 있다. 그리고 이 사업의 핵심은 바로 여러분의 경험에서 나온다.

초보자에게 조금이라도 알려줄 수 있다면 여러분은 사업을 할 수 있다. 무엇인가가 알려줄 수 있기 때문이다. 남들보다 조금 더 경험해봤기 때문이다.

여기서 포인트가 바로 '남들보다 조금 더 안다.'라는 점이다. 그리고 '남들보다 조금 더 경험했다.'라는 점이다.

많은 사람이 자신의 경험과 능력을 과소평가한다. 남들에게 엄청난 도움이 될 수 있지만, 그저 평범하다고 생각한다. 하지만 책으로 나오는 순간 그 경험은 가치가 된다. 누군가의 삶을 바꿀지도 모른다.

나는 오늘도 독서법과 책 쓰기 강의를 하며 또 그 강의를 준비하면서 하루를 보낸다. 놀랍게도 1년 전의 나는 평범한 직장인이었다. 독서를 좋아하던 평범한 직장인이었지만 우연한 기회에 그 경험을 '하루 1시간 독서 습관'이라는 책에 담았고, 그 이후에는 독서법 전문가로 전국을 누비고 있다.

그 이후 강의를 통해서, 누구나 독서를 통해 자기 계발이 가능하고 또 작가가 되는 것이 가능하다는 이야기를 전하고 있다. 왜냐하면, 누구나 경험이 있고, 누군가에게 가르쳐 줄 수 있는 것이 있기 때문이다. 그러므로 누구나 작가가 될 수 있다.

같은 해에 '평생직장은 없어도 평생 직업은 있다'라는 책까지 쓰게 되었고, 어느새 여러분이 읽고 있는 세 번째 책까지 쓰고 있다.

내가 엄청나게 많이 알아서가 아니다. 단지 여러분들보다 먼저 독서를 했고, 먼저 책을 써봤고, 또 먼저 강의를 해봤다. 그래서 내가 아는 것을 글로 쓰고, 또 강의했을 때 나의 새로운 업이 되었다.

책 쓰기 코칭을 하면 가장 좋은 점은 남의 이야기를 직접 들을 수 있다는 것이다. 예비 작가들의 인생사를 들으면서 꼭 이 이야기가 세상에 나왔으면 한다고 생각할 때가 많다. 나에게 감동과 가르침을 줬다면, 다른 사람에게도 그럴 수 있지 않을까?

여러분의 삶을 절대 과소평가하지 않았으면 한다. 누구나 주인공의 삶을 살고 있고, 누구나 반짝반짝 빛나는 순간을 살고 있다. 여러분의 경험에는 여러분이 생각하는 이상의 가치가 있다. 그래서 여러분의 이야기가 책으로 나왔으면 한다.

-4-
자신이 좋아하는
일을 해야 한다

오늘도 많은 사람이 자격증을 따거나 강의를 듣는 등 자기 계발에 열심이다. 하지만 실제로 강의를 하는 등의 결과가 나오는 경우는 극소수다. 실행하지 않는 경우도 있지만 많은 경우, 어떤 콘텐츠로 시작해야 할지 잘 모르기 때문이다. 어떤 분야로 시작해야 하는지 잘 모르기 때문이다. 하지만 답은 바로 여러분의 안에 있다. 그래서 질문을 통해 자신에 대해서 또 어떤 가능성이 큰 사업에 대해서 생각해보는 것이 좋다.

어떤 사람들을 대상으로 할지 정하는 것도 중요하다. 어떤 분야든지 고객이 있기 마련이다. 그리고 이 고객층을 좁히면 좁힐수록 성공할 확률이 높아진다고 한다. 모든 사람에게 필요한 콘텐츠가 아니라, 특정한 고객에게 필요한 콘텐츠를 개발하는 것이다. 그리고 그런 콘텐츠는 무궁무진하다.

이것, 저것 모두 아는 전문가보다, 한 분야만 연구한 사람이 더욱 인정받지 않을까?

또 자신의 강점이 무엇인지 파악하는 것도 중요하다.

성공에 없어서는 안 될 황금 법칙이란 무엇인가? 그것은 시작한다는 것과 지속한다는 것이다.

－'제로 창업', 요시에 마사루, 기타노 데쓰마사

남들이 좋다고 말하는 자격증이 아니라 본인이 원하는 자격증을 따야 한다. 하지만 많은 사람이 반대로 한다. 그래서 멀리 가지 못한다. 자신이 좋아하는 일이 아니었기 때문이다. 금방 지치기 때문이다. 시작은 했지만 지속하지 못한다. 그래서 성공하지 못한다.

여러분이 좋아하는 일, 꼭 해보고 싶은 일, 돈을 받지 않아도 하고 싶은 일, 몰입하거나 만족감을 느끼는 일들을 찾아서 그 분야로 책을 써보자. 좋아하는 일을 하기에 재미도 있고, 당연히 점점 더 전문가가 될 것이다. 그리고 그 과정이 즐거울 것이다.

가끔 예비 작가 중에는 다음과 같이 타깃 독자를 예상하는 사람들이 있다.

"딸과 아빠가 함께 읽었으면 좋겠어요."
"아들과 엄마가 함께 읽었으면 좋겠어요."

250

하지만 그렇게 하면 누구를 위해 써야 할지가 애매해진다. 딸과 아들에게 하는 말과 아빠와 엄마에게 하는 말은 서로 다르기 때문이다. 타깃 독자는 좁히면 좁힐수록 좋다. 가능하면 한 사람을 생각하며 쓰는 것이 좋다.

나의 첫 번째 책도, 두 번째 책도, 또 세 번째 책도 나는 한 사람을 생각하며 글을 쓴다. 그 사람이 변했으면, 조금 더 나아졌으면 하는 마음을 담아 책을 쓴다. 한 사람을 먼저 감동시키자. 그러면 자연스럽게 많은 사람에게 감동을 주는 책을 쓰는 작가가 될 것이다.

-5-
왜 책을 써야 하는가

많은 사람들이 왜 책을 써야 하는지 질문한다. 정말 많은 이유가 있다. 하지만 가장 먼저 하고 싶은 말은 바로 평생직장이 없기 때문이다.

대기업에 다니던 공병호 소장은 임원이 된 이후 3년 만에 퇴사 통보를 받는다. 40살에 무직이 된 것이다.

그리고 다음과 같이 말한다.

"회사는 언제든지 나를 내보낼 수 있습니다. 그것이 조직입니다."

내 친구 중 한 명은 대기업에 다닌다. 하지만 한참 회사에 다닐 그에게도 희망퇴직에 대한 안내가 왔다고 한다. 30대뿐만 아니라 20대 그리고 갓 입사한 신입직원에게도 퇴사 통보가 왔다고 한다.

무섭지만 이것이 현실이다.

회사는 이익을 위한 집단이다. 회사가 어려울 때 가장 쉽게 어쩌면 가장 효율적으로 경비를 절감하는 방법이 바로 구조조정이다.

최근 읽었던 책에서 자신이 회사의 기계 같다는 말을 보면서 많은 생각을 했다. 심지어 그 회사가 자신이 없어도 잘 돌아갈 것이라는 생각을 하면 우울해진다고 한다. 대부분의 회사원도 비슷한 운명이 아닐까?

책 쓰기 특강 중에 '평생직장은 없다.'고 말하자 많은 분들이 그 문장을 곱씹고 있는데 한 분은 웃음을 참고 있었다. 그 이유를 물어봤더니 그럴 만하다는 생각이 들었다.

"저는 많은 가게를 운영하고 있는 사장입니다. 그런데 작가님의 이야기를 들으니 정말 공감할 수밖에 없네요. 저는 언제든지 누군가를 내보내고 또 뽑을 수도 있습니다. 어쩌면 사장의 입장에서는 당연한 거죠. 안 그러면 망할 수도 있는데, 당연히 그래야 하지 않을까요?"

그렇다. 회사의 입장과 여러분의 입장은 다를 수밖에 없는 것이다. 회사는 언제든지 나를 내보낼 수 있다. 그러니 준비해야 한다.

책 쓰기는 장기전이다

작가가 된 지도 어느새 2년이 되어간다. 하지만 나는 여전히 직장인이다. 우선 월급이라는 것이 나에게 안정감을 주었다. 내가 듣고 싶은 강의, 또 내가 하고 싶은 책 쓰기를 공부하도록 해줬다. 아마 월급이 없었다면 듣고 싶은 강의들도 듣지 못했을 것이고, 책을 썼더라도 불안한 마음으로 책을 썼을 것이고 그 책은 완성하지 못했을 것 같다. 책에는 작가의 마음이 들어가기 때문이다.

이런 나의 결정과는 다르게 한 사람이 있다.

지인 중 한 사람은 책 쓰기에 올인했다. 책도 다 쓴 상태고 아는 사람의 도움으로 '무조건 성공할 것이다.'라는 생각으로 직장을 그만두었다고 한다. 그 사람이 너무 걱정되었다.

수많은 책에서 다음과 같이 말했다.

254

'절대 회사를 나가지 말라. 당분간은 유지해라.'

결국, 그 책은 나오지 못했고 그 사람은 다른 직장에 다시 취업했다고 한다. 다행히 책 쓰기를 다시 시작했다고 하지만 차라리 처음부터 직장과 병행했다면 어떨까? 분명히 더 빨리 책이 나왔거나 하루하루 불안하지는 않았을 것 같다.

전업 작가는 정말 어렵다고 한다. 심지어 대통령보다 더 힘들다고 한다. 장강명 소설가는 신문사에 다니는 상태로 책을 썼다. 왜냐하면 불안하기 때문이다.

굳이 하나만을 선택할 필요가 없다. 하지만 많은 예비 작가들은 성급하게 결정을 내리려고 한다.

나도 책을 쓸 때 퇴사를 고려했다. 몇 년 동안 다닌 회사가 지겨워졌기 때문이다. 하지만 결국 회사를 꾸준히 다녔기 때문에 안정적으로 준비할 수 있었고, 안정적으로 퇴직까지 준비할 수 있었다.

책 쓰기는 충분히 병행할 수 있는 일이다. 지금의 상태에서 책을 못 쓴다면 시간이 생겨도 못 쓸 확률이 높다. 그리고 한 번도 책을 써본 적이 없다면 하루 1시간만 책을 써도 정말 힘들다는 것을 깨달을 것이다. 내 말이 의심스럽다면 휴가를 내거나, 혹은 주말에 온종일 책을 써보라. 정말 힘들 것이다.

책 쓰기는 장기전이다. 긴 호흡으로 책을 써야 한다. 시간이 많다고 잘 쓸 수 있는 것이 아니다.

가능하면 현재의 직장을 유지하자. 어떤 변화라도 사람은 스트레스를 받는다. 그런 스트레스가 없는 상황에서 하루 1시간만 책 쓰기를 하자. 1년 안에 혹은 더 이른 시간에 작가가 될 것이다. 책 쓰기는 얼마든지 병행할 수 있다. 사실 수많은 작가가 그렇게 했다. 여러분도 가능하다.

앞서 나왔던 '딥워크'에 관련된 이야기를 하고 싶다. 딥워크에서는 초보자의 경우 하루 1시간이 집중할 수 있는 최대 시간이라고 말한다. 그리고 그 시간보다 중요한 것이 집중력이라고 말한다.

사실 이 집중력, 즉 의지력은 온종일 똑같은 양이 있는 것이 아니다. 아침이나 오전에는 많이 있지만 회사 생활 등 일상생활 이후에는 줄어든다. 그래서 퇴근 후에 많이 사람이 무너진다. 의지력이 고갈되었기 때문이다. 그래서 나는 출근 하기 전 1시간만 책을 썼으면 한다.

회사를 그만둘 각오라면 보통 각오가 아니라고 생각한다. 그 각오를 하기 전에, 출근하기 전 1시간 책 쓰기로 테스트를 해봤으면 한다. 그런데도 정말 시간이 부족하다면 그때 그만두어도 늦지 않다. 하지만 많은 경우 이렇게 책을 썼고, 작가가 되었다.

오전에 시간이 어렵다면 퇴근 후 1시간도, 또 점심시간 중에 쓰는 것도 괜찮다. 중요한 것은 지금 하루 1시간 책 쓰기를 할 수 있는지 알아보는 것이다. 그러면 다음의 사실을 깨달을 것이다.

'책을 쓰면서도 충분히 회사에 다닐 수 있구나.'

  군이 하나만을 선택하지 않았으면 한다. 양자택일하지 않아도 된
다. 충분히 병행할 수 있으니 말이다.

─7─
작가가 된 이유

TV에 나와 노래해 혹시 네가 볼까 봐

날 들으면 날 본다면 날 찾아줄까 봐

기를 쓰고 노래해 그 옛날의 널 위해

그때 다 하지 못했던 내 맘을 담아서

이렇게 노래해

가수 신용재의 '가수가 된 이유'의 한 부분이다.

그는 한 여자를 다시 만나고 싶어서 가수가 되었다고 한다. 그 마음이 절절히 느껴지는 것 같았다. 이 노래를 들으며 마크 트웨인의 명언이 생각났다.

우리 삶에서 가장 중요한 두 날은 세상에 태어난 날과 자신이 왜 태어났는지 알게 된 날이다.

자신이 왜 태어났는지 알게 된 날이라……. 나에게 그런 날이 있을까? 적어도 2년 전까지는 존재하지 않았다.

하지만 책 쓰기를 만나고, 책 쓰기 코칭을 하면서 나는 존재의 이유를 깨닫게 되었다. 바로 내 꿈을 이루고 다른 사람들의 꿈을 이루어주기 위해서다.

책을 쓴 후 내 인생은 180도 바뀌었다. 새로운 꿈과 목표가 생겼다. 하루하루가 기다려진다. 빨리 내일이 왔으면, 또 나의 이야기가 세상에 나오기를, 다른 예비 작가의 이야기가 세상에 나오기를 그래서 세상이 더 행복해지기를 기원해본다.

여러분의 이야기는 생각보다 힘이 세다. 여러분의 이야기는 다른 사람에게 도움이 되고 또 생명을 살릴 수도 있다. 무엇보다 여러분의 삶을 새롭게 한다. 새로운 의미를 선물한다.

나는 오늘도 글을 쓴다. 그리고 많은 사람들을 만난다. 많은 사람들에게 작가가 되는 법을 알려주고 싶다. 행복해지는 법을 알려주고 싶다.

"여러분의 인생이 바로 한 권의 책입니다."

만나는 모든 사람에게 다음과 같이 말합니다.

"작가님의 경험에는 작가님이 생각하는 그 이상의 가치가 있습니다."

하지만 모두 고개를 저으며 '그렇지 않다.'라며 말합니다. 그럴 때 저는 정말 답답함을 느낍니다. 왜냐하면 그 작가님의 경험이 저에게는 너무 값지기 때문입니다. 세상에 알리고 싶기 때문입니다. 누군가에게 큰 도움이 될 것이기 때문입니다.

일상다반사라는 말이 있듯이 사람의 삶은 모두 비슷합니다. 살아가며 만나게 될 어려움도 비슷하겠죠. 하지만 그 순간, 도움이 필요한 순간에 나타나 조언을 해주면 어떤 일이 생길까요? 똑같은 실수를 하지 않아도 되지 않을까요? 그 어려움을 쉽게 이겨내지 않을까요?

책 쓰기 코칭을 하며 가장 행복했던 것은 수많은 예비 작가님의 이야기를 제가 먼저 들을 수 있었던 것입니다. 그러다가 '그 빛나는 순간을 책으로 담아내면 얼마나 좋을까?'라고 생각하며 1시간도 넘게 통화했던 기억이 생각납니다.

이 행복한 순간 덕분에 저는 평생 책을 쓰고 또 책 쓰기 코칭을 할 것 같습니다.

많은 사람이 책 쓰기에 도전하고 있습니다. 하지만 많은 사람이 역시 책 쓰기를 포기하고 있습니다. 무엇인가 꾸준하게 한다는 것은 참 어렵습니다. 특히 새로운 일에 도전하는 것은 더욱 어렵습니다. 책 쓰기처럼 금방 결과가 나오지 않는 일이라면 훨씬 더 어려울 것입니다.

세 번째 책을 쓰고 있는 저도 참 쉽지 않습니다. 권 수가 많아질 때마다 출판사로부터 거절받는 횟수가 점점 늘어납니다. 점점 쉽게 책을 낼 것으로 생각했는데, 오히려 출판사의 벽은 점점 높아지는 것 같습니다. 하지만 저는 될 때까지 원고를 투고합니다. 투고하지 않으면 0%지만, 투고하면 그 확률은 올라가기 때문이죠

이 책은 저의 부끄러운 고백입니다. 27살에 군대에 가고, 몇 년 전만 해도 희망이 없는 삶을 살았습니다.

하루하루 시간이 지나간다는 것이 너무 무서웠습니다. 사실은 지금도 가끔 두렵습니다. 하지만 저의 상처 그리고 읽었던 책들 그리

고 강의들이 저를 바꾸었습니다. 모든 내용이 기억나지는 않지만, 한 단어 혹은 한 문장이 저를 성장시켰습니다.

콩나물시루에 물을 넣으면 물은 모두 사라집니다. 밑 빠진 독에 물 붓는 느낌이 이럴까요? 하지만 콩나물은 자랍니다. 헛수고라고 생각했던 저의 모든 순간이 저에게는 선물이었음을, 저를 이렇게 성장시켰음을 깨닫습니다.

제 책도 여러분에게도 그런 의미가 되었으면 합니다. 이 책을 읽자마자 책을 쓰고 싶은 생각이 들지 않더라도, 삶의 어느 순간 제 책이 생각나고, 연필을 들 수 있기를, 자판을 두드리는 때가 오기를 기다립니다.

그리고 여러분의 책이 나온다면 주저 말고 저에게 연락 주세요. 가장 먼저 그 책을 구매하고 싶습니다. 여러분의 소중한 경험을 가장 먼저 알고 싶고, 가장 먼저 듣고 싶습니다.

감사한 분들이 많습니다. 늘 김태진 대표님께 감사합니다. 저는 작가님 덕분에 새로운 삶을 살게 되었습니다. 이제는 제가 다른 사람들에게 새로운 삶을, '작가'라는 이름을 선물하고 있습니다. 앞으로도 많은 것을 배우고 싶습니다.

와일드북 출판사의 유광선 대표님께 감사합니다. '와일드 이펙트'라는 책을 읽고 서평을 쓴 적이 있습니다. 그 서평이 인연이 되어 느슨한 유대를 이어가다가 이렇게 좋은 인연이 되었습니다. 책을 낼 수 있다는 것도 참 감사하지만, 그 과정을 통해서 유광선 대표님을 더 알 수 있게 되어 더욱 감사합니다.

제 책의 첫 번째 독자가 되어주신 장운갑 편집장님. 제 원고를 사랑하고 또 아껴주셔서 감사합니다. 정성 가득한 피드백을 보면서, 훌륭한 편집장님을 만났음을 직감했습니다.

그리고 여자친구, 올해는 아내가 될 상큼이에게 고마움을 전합니다. 두 번째 책을 쓸 때 '아내가 되어있으면 좋겠어.'라고 했는데 그대로 되어서 감사합니다. 함께 더 많은 것을 할 수 있어 감사합니다.

마지막으로 이 글을 읽어주신 독자분들 그리고 예비 작가분들에게 감사합니다. 부디 이 책을 읽고 용기를 내셨으면 합니다. 2,000권에 가까운 책을 읽으며, 제가 얻은 메시지는 한결같습니다.

"여러분도 할 수 있습니다."

여러분의 상황이 다 다르겠지만, 다시 한번 더 말하고 싶습니다.

"여러분도 할 수 있습니다."

그리고 한 마디만 더 덧붙이고 싶습니다.

"작가님의 경험에는 작가님이 생각하는 그 이상의 가치가 있습니다. 그러니 그 이야기가 꼭 책으로 나오기를, 그래서 책으로 작가님의 이야기를 뵙기를 기다리겠습니다."

좌우명을 남기며 마지막 인사를 드리려고 합니다. 제 책이 또 여러분의 책이 행복을 전하길 그리고 여러분의 진정한 성공을 기원하며.

자신이 이 세상에 존재함으로 인해, 단 한 사람의 인생이라도 행복해지는 것, 그것이 진정한 성공이다.

– 랄프 왈도 에머슨

황준연

책 쓰기

1. 동기

나는 어떤 책을 쓸 수 있을까?

1) 현재 내가 하는 일은 무엇인가?
2) 내가 꿈꾸는 미래의 모습은 어떤 것인가?
3) 나의 취미는 무엇인가? (시간 가는 줄 모르고 하는 일은 무엇인가?)

2. 장르

독자의 니즈를 파악해야 한다.

1) 자신이 쓰고자 하는 타깃 독자들에게 직접 듣는다.
2) 사람들의 이야기를 통해 독자들의 니즈를 파악한다.
3) 뉴스, 신문, 잡지, 다양한 책을 통해 니즈를 찾는다.

3. 출간계획서

책 쓰기를 위한 목표와 계획

1) 집필 계획 세우기
2) 책을 쓰기 위해 준비해야 할 것은?
3) 책을 쓰기 위해 해서는 안 되는 것은?

4. 경쟁 도서와 참고도서

    1) 끝까지 읽어야 할 책
    2) 훑어볼 책: 사례를 찾기 위해 참고할 책

5. 제목 정하기

매력적이거나 눈에 띄는 제목

    1) 개성적
    2) 내용과 주제를 포함하는 제목
    3) 타깃 독자층의 호기심을 유발시키는 제목

6. 목차 만들기

    1) 장제목: PART 1, Story 1, 1장, 1부 등으로 사용
    2) 소제목
       — 각 장당 10개 이상의 소제목을 적는다.
       — 온라인 서점의 목차, 서평 등을 살펴본다.
       — 오프라인 서점에서 책 제목과 소제목을 탐색한다.

7. 원고 집필하기

    1) 원고매수 계산하기
    2) 사례 찾기
    3) 서론 쓰기
    4) 각색, 인용하기
    5) 결론 쓰기

8. 원고 탈고

탈고 시 체크 사항

1) 원고 분량이 적절한가?
2) 저자의 경험과 생각, 지식, 철학 등이 담겨 있는가?
3) 적절한 사례로 저자의 메시지가 뒷받침되었는가?
4) 술술 읽히며 재미와 지적 호기심을 주었는가?
5) 글의 완성도가 높은가?
6) 오탈자나 겹치는 내용은 없는가?
7) 문맥상 흐름이 자연스러운가?

9. 원고 투고

1) 출간제안서 작성하기(투고 인사말): 부록 2(출간계획서) 참고
2) 출간제안서 작성 시 유의사항
   ― 자신의 강점을 부각시키고 임팩트 있게 쓴다.
   ― 중언부언하지 않는다.
   ― 팩트를 토대로 쓴다.
3) 출판사 정하기(출판사 이메일 주소 수집)

부록
2

출간계획서

1. 제목(가제)

2. 기획 의도

3. 저자 프로필

4. 원고 내용 및 목차

5. 타깃 독자층

6. 핵심 콘셉트

7. 경쟁 도서와 유사도서: 분석하기

이 책의 장점 및 강점은? (비교분석)	이 책의 단점 및 약점은? (개선)

자기 질문 하기

1. 출간하고 싶은 책의 경쟁 도서는 어떤 책들이 있는가?

2. 경쟁 도서와 비교했을 때 내가 출간하려고 하는 책의 차별
성은 무엇인가?

8. 집필 기간

9. 홍보 및 마케팅 전략

어떻게 부자가 될 수 있을까

이 책을 펼친 순간 이미 당신은 부자의 대열에 서 있다!

생각하라 그러면
부자가 되리라

나폴레온 힐 지음 | 유광선·최강석 편역 | 값 18,000원

왜 부자가 되어야 하는가

부자가 되려면 부자와 같은 생각을 하고 그들의 생각을 따라 행동하면
된다. 더 나은 것은 부자의 생각을 훔치는 것이다.

이 책은 각 장이 끝날 때마다 '코치의 질문'이 수록되어 있으며, 이는 국제코치연합에서
활동 중인 전문 코치들의 자문을 받아 작성되었다. 스스로 자신의 코치가 되어 질문한
후 생각해보자. 그리고 그 생각을 실행으로 옮겼을 때 부와 성공이 이루어질 것이다.

행복한 성공, 100권의 책을 읽고, 100명의 전문가를 만나고, 100곳을 방문하라!

사람과 사업이 지속가능하게 하는 힘
와일드 이펙트

유광선 지음 | 304쪽 | 신국판 | 값 18,000원

간절히 원하고, 생생하게 상상하라!
뜨겁게 공부하고, 당당하게 선언하라!

이 책의 저자는 자신이 찾은 행복한 인생의 비밀을 WILD라는 단어에 담아냈다. WILD는 Want, Imagine, Learn, Declare의 앞 글자를 조합한 것으로 WANT: 내가 하고 싶은 일을 원하고 좇는 삶, 가슴이 뛰는 삶, IMAGINE: 목표가 이루어졌을 때를 상상하는 즐거움, LEARN: 배움의 자세, DECLARE: 꿈을 이루기 위해 빠른 시일 내에 실현 가능한 단계적 목표를 세워 실천의 족쇄로서의 선언이다. 저자가 제시하는 실제 사례들과 제안들처럼 WILD하게 살다 보면 인생을 주도적으로 개척해 나가는 방법을 터득하게 될 것이며 일상을 소중하게 생각하고 내가 가진 것에 감사해하고 있는 자신을 발견하게 될 것이다.